ladenbrote Grahambrot Joghurtstangen Käsesemmeln

Knoblauch-Käse-Fladen Körnermix-Bro... ...ot

ohnsemmeln Pizza-Spatzen ...ln

blumenkernbrötchen Stockbrot Toastbrot

chinibrot Zwiebelbrot Zwiebel-Seelen Apfelnudeln

n Osternestchen Pfirsich-Muffins Windbeutel

rolle Bananentorte Baumstamm Bienenstich

Erdbeertorte Frankfurter Kranz Hutzelbrot Johannisbeerkuchen

ümmeltorte Kuchen im Glas Mandel-Butterkuchen

z Nuss-Striezel Orangenkuchen Osterbrot

kuchen mit Kirschen Rhabarberkuchen vom Blech

warzwälder Kirschtorte Schokoladenkuchen

etschgenkuchen vom Blech Flachswickel

ssstebkuchen Ingwer-Schokoladen-Plätzchen Knusperkugeln

ltansstäbchen Vanillekipferl Zimtkringel

Ulrike Maria Sergienko

Gerührt, gerollt, geknetet

Ulrike Maria Sergienko

Gerührt, gerollt, geknetet

Vollwertig süß und herzhaft backen

Verlag Freies Geistesleben

Ulrike Maria Sergienko wurde 1971 geboren. Vor ihrem Studium in Stuttgart, das sie als Diplom Dokumentarin abschloss, ließ sie sich in Ulm zur Fotografin ausbilden. Neben ihrer Liebe zum Bild gehört das Kochen und Backen seit Jugendtagen zu ihrer Leidenschaft, deren Ergebnisse nicht nur ihre vier Kinder begeistern.

1. Auflage 2011

Verlag Freies Geistesleben
Landhausstraße 82, 70190 Stuttgart
www.geistesleben.com

ISBN 978-3-7725-2524-7

Fotos: Ulrike Maria Sergienko
Umschlag & Layout: Maria A. Kafitz
Satz: Bianca Bonfert
Druck: Egedsa, Sabadell / Printed in Spain

Inhalt

Einleitung

Leidenschaften habe ich viele – drei davon sind in diesem Buch vereint: Ich liebe Bilder. Ich liebe Bücher. Und ich liebe gutes Essen.

Die Wahrheit ist: Ich esse für mein Leben gern, und die Liebe zum guten Essen wurde mir sozusagen in die Wiege gelegt, denn leckere Kuchen haben mich immer begleitet.

Auch bei den Essgewohnheiten scheiden sich bekanntlich die Geister. Es gibt jene, die essen, um satt zu werden. Man könnte sagen, dass Essen für sie schon fast eine «Pflicht» ist, die eben notwendigermaßen erledigt werden muss. Darum müssen sie sich nach dem Essen auch oft erst einmal ausruhen und erholen. Auf der anderen Seite gibt es aber auch jene, die das Essen um des Essens willen lieben. Sie essen sogar dann, wenn sie schon satt sind. Sie genießen, sie freuen sich darauf, sie können sich vor, während und nach dem Essen über das Essen unterhalten – so gut gefällt ihnen das. Ich gehöre zu den Letzteren – und an alle Gleichgesinnten richtet sich dieses Buch.

Als ich vor vielen Jahren meine Ernährung auf eine vollwertige und vegetarische Ernährungsweise umstellte, wurde mir bewusst, dass es keineswegs einfach ist, einen von Weißmehl und Zucker verwöhnten Gaumen mit Vollkorngebäck zu befriedigen. Die üblichen Vollkornrezepte trafen nämlich nicht unbedingt meinen Geschmack, sie waren mir zu dunkel, zu schwer und zu körnig – so sehr hatte Großmamas Apfelkuchen mich geprägt. Aber tapfer aß ich mich durch staubtrockene, gesunde Kuchen und Plätzchen und beging beim Umsetzen der leeren (doch wohlschmeckenden) Weißmehlrezepte zu wirklich gesundem Gebäck einen Fehler nach dem anderen.

Bis – ja bis ich irgendwann die Fehler gefunden und beseitigt und jedes Rezept zu einem mir bestmöglichen Resultat entwickelt hatte. Häufig geht die Umstellung zu einer gesünderen Ernährung von den weiblichen Mitgliedern einer Familie aus, und oft genug haben sie es nicht leicht, sich damit durchzusetzen. Auch mit Kindern, die nie mit echtem Vollkornbrot konfrontiert wurden und sich bis dato an Omas schneeweißem Butterkuchen laben durften, fällt eine solche Umstellung alles andere als leicht. Genauso wenig wie mit vielen (doch glücklicherweise nicht allen) Männern, die den Grund für eine solche Veränderung oft genug schon gar nicht sehen, denn schließlich fällt man(n) nach dem Genuss eines fetten weißen Berliners ja nicht sofort krank vom Stuhl.

Allen, die es trotzdem wagen wollen, empfehle ich: Machen Sie überhaupt kein großes Theater darum. Lassen Sie den einen oder anderen Kuchen, das eine oder andere Brot ganz langsam in Ihre Bäckerei mit einfließen. Besonders geeignet sind dazu alle Biskuitkuchen und -torten sowie lockeres Brotgebäck wie beispielsweise Joghurtstangen oder Fladenbrote. Gehen Sie langsam vor und schütten Sie nicht gleich das Kind mit dem Bade aus, denn viele, die diese Ernährungsumstellung zu radikal und einseitig betrieben, sind heute wieder bei Mikrowellen-Gerichten und Fertigpudding angelangt und ernähren sich meist schlimmer als zuvor.

Überhaupt halte ich nichts davon, aus unserem täglichen Essen ein Dogma zu machen. Denn ganz schnell wird alles starr, ein jeder meutert und keiner freut sich mehr daran.

Dann und wann ein Plätzchen mit Schokolade, dagegen ist aus meiner Sicht nichts zu sagen, wenn wir im Großen und Ganzen auf gesundes Essen achten: Getreide aus vollem Korn, die Vermeidung von Industriezucker und denaturierten Nahrungsmitteln im Allgemeinen und dem Essen von viel frischem Obst und Gemüse.

Sie lesen an dieser Stelle nicht wie sonst üblich, dass es sich um Lebensmittel aus biologischem Anbau handeln sollte, denn dass dies das Beste wäre, wissen wir alle selbst. Ich kenne jedenfalls keine Mutter und keinen Vater, denen ein ungespritzter Apfel für ihr Kind nicht lieber wäre als ein gespritzter – hingegen kenne ich viele, die beim Einkaufen gut kalkulieren müssen – manchmal geht dann eben nicht alles immer «bio».

Am wichtigsten, wenn man gezwungen ist, Prioritäten zu setzen, ist mir persönlich der Kauf von Bioprodukten bei tierischen Nahrungsmitteln, denn hier sind unsere Mitgeschöpfe unmittelbar beteiligt. Wenn wir uns schon ihrer Milch und Eier bedienen, sollte uns wichtig sein, dass sie ein artgerechtes Leben führen dürfen. Selbst die Milch vom Biohof gehört ja eigentlich den Kälbchen und nicht uns. Aus diesem Grund bin ich immer öfter dazu übergegangen, Kuchen und Gebäck mit Soja- oder Hafermilch herzustellen, was geschmacklich keinen Unterschied macht. Dies ist ein vegetarisches und kein veganes Backbuch. Milch, Eier und Butter werden verwendet. Aber ob täglich und in welchen Mengen? Sicher lässt sich unser Konsumverhalten auch hier überdenken.

Indem Sie gerne kochen und backen, viel Frisches auf den Tisch bringen und kleine Ausnahmen ab und zu willkommen heißen, tun Sie viel Gutes für sich und alle, die Ihnen wichtig sind.

Es ist schon lange her, dass ich einem weißen Zuckerkuchen oder einem Baguette geschmacklich den Vorzug gab. Heute schmeckt das alles fad für mich. Dagegen liebe ich den Geschmack des vollen Korns und die angenehme Süße des Honigs. Meine Geschmacksnerven protestieren energisch gegen jegliche chemischen Zusatzstoffe, Aromen und gegen all das Zeug, das mit Natur aber auch gar nichts mehr gemein hat.

Wenn meine Kinder aber alle Jubeljahre einmal nach einer Brezel vom Bäcker oder (was zugegebenermaßen ein klein wenig öfter vorkommt) nach einer Tafel Schokolade verlangen, kann ich mittlerweile ganz gut damit leben.

So geht ein jeder von uns eben seinen ureigenen Weg.

Ich wünsche Ihnen viel Spaß beim Backen und noch mehr beim Genießen!

Ulrike Maria Sergienko

Allgemeines

Eier

Für die Rezepte wurden **Eier** der Gewichtsklasse L verwendet, also Eier mit ca. 63 bis 73 g. Wenn Sie kleinere Eier verwenden, einfach entsprechend mehr zugeben.

Hefeteig

In der Regel arbeite ich ohne aufwendige Vorteige. Wenn in einem Rezept also zu lesen ist: «einen **Hefeteig** zubereiten», so bedeutet das lediglich, alle dafür erforderlichen Zutaten in die Küchenmaschine zu geben und gründlich zu kneten.

Treibmittel

Als **Treibmittel** benutze ich grundsätzlich Weinstein-Backpulver. Als Säuerungsmittel wird hier Weinstein verwendet, der natürlicherweise bei der Weinherstellung entsteht. So kann auf Phosphate verzichtet werden.

Blätterteig

Blätterteig selbst herzustellen hört sich viel komplizierter an, als es ist. Ich verwende deutlich weniger Butter, als für einen normalen Blätterteig vorgesehen ist, weil mir der Teig sonst zu fett wird. Es ist also kein echter Blätterteig im herkömmlichen Sinn, wird aber genauso zubereitet:
Den vorbereiteten Teig kurz durchkneten und zu einer ca. 25 x 60 cm großen Teigplatte auswellen/ausrollen. Drei Viertel der Teigplatte mit der in Scheiben geschnittenen Butter belegen. Das freie Teigviertel bis zur Mitte hin umklappen, sodass die Platte nur noch drei Viertel der ursprünglichen Größe besitzt. Das doppelte Teigstück nun noch zweimal umklappen. Die Platte besitzt jetzt nur noch ein Viertel der Ausgangsgröße. Die offenen Enden zeigen nach oben und unten. Auf einer bemehlten Arbeitsfläche den Teig nur in diese Richtung, also von oben nach unten, so lange ausrollen, bis die Teigplatte fast wieder ihre ursprüngliche Größe von 25 x 60 cm erreicht hat. Die lange Seite der Teigplatte quer zu sich legen und von der Breitseite her beide Seiten bis fast zur Mitte hin einschlagen. In der Mitte bleibt ein ca. 1 cm großer Spalt frei, damit das Teigstück letztlich wie ein Buch zusammengeklappt werden kann. Gut verpackt nun eine Stunde kühl stellen. Danach erneut

zu den offenen Enden hin ausrollen und wieder zum Buch falten. Diesen Vorgang noch ein- bis zweimal wiederholen. Anschließend den Teig wie gewünscht weiterverarbeiten. Wichtig beim Ausrollen des Teiges ist, dass keine Butter austritt und der Teig nicht an der Arbeitsfläche festklebt. Daher den Teig gut kühl halten, die Arbeitsfläche immer wieder mit Mehl bestäuben und mit nur minimalem Druck auswellen.

Zu trocken, zu dunkel, zu bitter

Zu trocken, zu dunkel, zu bitter: Das ist die Antwort vieler auf die Frage, warum sie mit der Vollkornbäckerei – vor allem bei Kuchen mit Mürbeteig – nichts anfangen können. Gerade beim Backen in dunklen Formen geschieht es schnell, dass ein Kuchen außen zu dunkel wird und dann staubtrocken und bitter schmeckt. Man kann sich aber behelfen, indem die Springform mit einem gefetteten und bemehlten Backring aus Edelstahl ausgekleidet wird. So erhält man einen hellen und mürben Teigrand. Ob die Form zusätzlich auf Alufolie gestellt wird, hängt davon ab, ob die Temperatur hoch oder nur bei ca. 160° C liegt und wie lange der Kuchen im Ofen bleibt. Bei Backzeiten von deutlich über einer Stunde und einer hohen Temperatur ist diese Methode zu empfehlen.

Obst und Gemüse

Obst und Gemüse wird, soweit im Rezept nicht ausdrücklich anders beschrieben, immer ungeschält verwendet.

Süßungsmittel

Ich verwende als **Süßungsmittel** grundsätzlich nur *Honig*. Wenn nichts anderes angegeben ist, nehme ich cremigen Honig. Dabei ist es sehr wichtig, einen wirklich geschmacksneutralen Honig zu verwenden, denn Kuchen und Torten, Plätzchen und anderes süßes Gebäck sollen lediglich süß schmecken und nicht vom Honiggeschmack überlagert werden. Sie sollten den Honig vor dem Backen testen, ob er Ihnen angenehm ist und möglichst mild schmeckt.

Speisestärke

In einigen wenigen Rezepten mache ich eine Ausnahme von der Vollwertkost und greife auf **Speisestärke** zurück, einfach weil ich speziell bei diesen Backwaren die besten Ergebnisse damit erzielt habe.
Zugegebenermaßen ist sie von der vollwertigen Ernährung so weit entfernt wie die Erde vom Mond. Dennoch: Die Dosis macht das Gift. Und wer von uns isst Buttercremetorten täglich?

Verdickungsmittel

Wer sich diese Ausnahme jedoch nicht vorstellen kann, der greife auf eine der zahlreichen Alternativen an **Verdickungsmitteln** wie z.B. Johannisbrotkernmehl (wie auch in einigen Rezepten verwendet) zurück. Zwar ist seine Verarbeitung oft nicht ganz unproblematisch, aber die absolute Geschmacksneutralität ist ein – wie ich finde – großer Pluspunkt.

Schokoladenglasur

Das Gleiche gilt für **Schokoladenglasuren** auf Kuchen und Weihnachtsgebäck oder die Verwendung einer fertigen Tafel Schokolade für Eis oder Plätzchen. Viele Jahre lang habe ich Kuchenglasuren mit Butter oder Kokosfett, Kakao und Honig selbst hergestellt und dabei immer wieder experimentiert. Das traurige Ergebnis jedoch ist: Mit Honig eine Glasur herzustellen ist nicht zufriedenstellend, da diese Glasuren nicht annähernd so aushärten wie eine gekaufte Glasur. Daher verwende ich nun Bio-Schokolade / -Kuvertüre und betrachte sie als das, was sie ist: eine Ausnahme zur sonstigen Vollwerternährung. Die Anzahl der Rezepte, für die wir richtige Schokolade benötigen, ist ohnehin verschwindend gering.

Brot und Brötchen

Beim Backen von **Brot und Brötchen** ist es wichtig, dass der Teig nach der Ruhezeit wirklich gut aufgegangen ist. Hat sich das Teigvolumen nicht deutlich verändert, dann stand der Teig vielleicht nicht warm genug. In diesem Fall länger gehen lassen und den Stellplatz verändern. Dies kann den Unterschied ausmachen zwischen steinharten Brötchen und solchen, die locker, duftig und gut aufgegangen sind.

Vollkornmehl

Alle Rezepte in diesem Buch basieren auf reinem **Vollkornmehl**. Da jeder von uns mit seiner Getreidemühle individuelle Ergebnisse erzielt und auch industriell hergestelltes Vollkornmehl aus dem Handel nie gleich zu verarbeiten ist, kann es unter Umständen erforderlich sein, die Flüssigkeitsmengen geringfügig zu verändern und anzupassen.
Doch dabei ist Vorsicht geboten, denn beim Backen mit Vollkornmehl benötigen wir grundsätzlich mehr Flüssigkeit sowie eine längere Ruhezeit. Deshalb erscheint ein Teig manchmal anfangs zu feucht, lässt sich jedoch nach dem Gehen gut verarbeiten.
In einen vermeintlich zu feuchten Teig zusätzlich Mehl einzuarbeiten hat in der Regel festere Backwaren zur Folge. Also auch beim erneuten Kneten auf einer bemehlten Arbeitsfläche immer darauf achten, dass der Teig nicht unnötig Mehl aufnimmt.
Je feiner das volle Korn gemahlen wird, desto besser lässt es sich auch verarbeiten, was sich insbesondere bei Formgebäck (wenn also beispielsweise der Teig geflochten wird) bemerkbar macht. Die besten **Backergebnisse** erzielen Sie in jedem Fall bei so fein wie möglich gemahlenem Korn, denn das Gebäck wird dann luftig und locker sein.

Backergebnisse

Backzeiten

Je nach Größe der verwendeten Backbleche, der Beschaffenheit der Backformen und dadurch, dass kein Ofen mit dem anderen zu vergleichen ist, können die **Backzeiten** stark variieren. Vollkorngebäck schmeckt dann richtig lecker, wenn es keine Minute länger als unbedingt erforderlich im Ofen belassen wird. Plätzchen sind dann richtig, wenn sie an ihrer Unterseite leicht golden sind. An ihrer Oberseite sieht man oft noch gar nichts oder allenfalls an den Rändern einen feinen Hauch.
Bei kleinen Backblechen empfehle ich, das Gebäck auf mehrere zu verteilen und diese nacheinander und nicht mit Umluft zu backen. Bei Umluft passiert es leicht, dass das Gebäck dunkel und trocken wird.

Angaben

Bei den **Angaben** der Zutaten habe ich – immer mit Waage backend – auch bei den Flüssigkeiten die Grammzahl angegeben, das erleichtert die Abläufe sehr!

Anisbrot Apfelbrot Bärlauchbrot Dreikornbrot

Fladenbrote Grahambrot Joghurtstangen

Käsesemmeln Käse-Laugen-Stangen Knäckebrot

Knoblauchbrot Knoblauch-Käse-Fladen

Körnermix-Brot Kräuterbrot Laugenbrezeln

Mandelbrötchen Milchbrötchen Mohnsemmeln

Pizza-Spatzen Quarksemmeln Sauerteig-Gewürzbro

Seelen schnelles Sesambrot Sonnenblumenkernbrötche

Stockbrot Toastbrot Vollkornbrot mit Roggenschrot

Walnuss-Karottenbrot Zucchinibrot Zwiebelbrot Zwiebel-Seele

Brot und Brötchen

Der unwiderstehliche Duft frisch gebackenen Brotes – wer einmal damit angefangen hat, sein Brot selbst zu backen, hört so schnell nicht wieder auf. Denn geschmacklich kann einem kräftigen, selbst gebackenen Vollkornbrot konventionelle Handelsware meist nicht das Wasser reichen. Wer keinen wirklich guten Bio-Bäcker in seiner Nähe hat oder durch die zahlreichen hungrigen Münder in seiner Familie gut wirtschaften muss, der entdeckt das Brotbacken für sich. Es ist gesund, abwechslungsreich und kostengünstig, es dauert nicht lange – und es macht sogar Spaß!

Schnelles Sesambrot

500 g Weizenvollkornmehl
300 g Milch
100 g Butter
2 EL Sesam
2 EL Leinsamen
2 gestrichene TL Meersalz
17 g Backpulver (1 Päckchen)

Butter und Sesam für die Form

Den Backofen auf 175° C vorheizen. Alle Zutaten miteinander verrühren.
Eine Kastenform mit Butter ausfetten und mit Sesam ausstreuen.
Den Teig als länglichen Laib in die Kastenform legen, die Oberfläche mit Wasser bestreichen und ebenfalls mit Sesam bestreuen.
Auf der zweiten Schiene von unten ca. 1 Stunde backen.

Wenn Sie feststellen, dass das Brot wieder einmal ausgegangen ist, Sie vergessen haben, Hefe zu kaufen, und zu allem Überfluss auch die Zeit knapp wird, dann ist das «Schnelle Sesambrot» die letzte Rettung. Durch Milch und Butter bekommt es einen leicht kuchenähnlichen Geschmack und eignet sich deshalb nicht für herzhafte Aufstriche, dafür aber umso mehr für Marmeladen aller Art. Es ist locker und es krümelt – besonders wenn es ofenfrisch geschnitten wird; etwas besser schneiden lässt es sich am nächsten Tag.

Dreikornbrot

600 g Dinkelvollkornmehl
200 g Roggenvollkornmehl
200 g Buchweizenmehl
42 g Hefe (1 Würfel)
150 g Sonnenblumenkerne
150 g Sesam
150 g Leinsamen
1 EL Kümmel
25 g Meersalz
1 l Wasser (warm)

Mehl und Fett für die Form

Weil die Teigruhe hier entfällt, ist dieses Brot, obwohl ein Hefebrot, sehr schnell zubereitet.
Es ist das Brot der Wahl für alle, die es eilig haben. Mit seinem leichten Kümmelgeschmack und all den anderen Körnern eignet es sich hervorragend als Unterlage für einen herzhaften Brotaufstrich.

Den Backofen auf 200° C vorheizen. Alle Zutaten zu einem Teig zusammenrühren.
Zwei Brotbackformen gut mit Butter ausfetten und mit Mehl auskleiden.
Den Teig sofort in die Formen einfüllen und auf der zweituntersten Einschubleiste ca. 1 Stunde backen.

Zwiebelbrot

Tagein, tagaus dasselbe Brot; selbst demjenigen, dem seine Gewohnheiten lieb und teuer sind, kann das irgendwann einmal langweilig werden. Hier bringt ein Zwiebelbrot Abwechslung auf den Abendbrottisch. Zwar macht es etwas mehr Arbeit, aber die Mühe lohnt sich.

700 g Zwiebeln (gewürfelt)
25 g Olivenöl
42 g Hefe (1 Würfel)
40 g Honig (flüssig)
400 g saure Sahne (zimmerwarm)
150 g Wasser (warm)
850 g Weizenvollkornmehl
150 g Roggenvollkornmehl
30 g Meersalz
2 gestrichene EL Kümmel

Die Zwiebeln im Olivenöl goldbraun braten (eher zu hell als zu dunkel) und abkühlen lassen. Hefe, Honig, saure Sahne und Wasser miteinander verrühren.
Dann den Hefeansatz, die restlichen Teigzutaten sowie die gebratenen Zwiebeln kräftig miteinander verkneten und in der Schüssel bedeckt eine Stunde gehen lassen. Auf einer gut bemehlten Arbeitsfläche zu einem Laib formen und auf ein mit Backpapier ausgelegtes Backblech geben.
Den Ofen auf 200° C vorheizen, in dieser Zeit das Brot auf dem Blech gehen lassen. Auf der zweituntersten Schiene ca. 1 Stunde backen.
Das Zwiebelbrot lässt sich am zweiten Tag übrigens viel besser schneiden.

Vollkornbrot mit Roggenschrot

Dieses Brot braucht, wenn es ganz frisch gebacken wurde, keinen besonderen Belag. Dünn mit Butter bestrichen ist es sich selbst genug.

900 g Wasser (warm)
84 g Hefe (2 Würfel)
30 g Meersalz
1250 g Weizenvollkornmehl
250 g Roggenvollkornschrot

Wasser, Hefe und Meersalz miteinander verrühren. Mehl und Schrot zugeben und lange und gründlich miteinander verkneten. Etwa eine Stunde lang zugedeckt gehen lassen.
Auf einer gut bemehlten Arbeitsfläche noch einmal durchkneten, zu einem Laib formen und auf einem mit Backpapier ausgelegten Blech ca. 15 Minuten gehen lassen. Eine feuerfeste Glasform mit Wasser gefüllt in den Ofen stellen, diesen auf 200° C vorheizen und das Brot auf der zweituntersten Schiene ca. 1 Stunde backen.

Fladenbrote

Der Teig

550 g Weizenvollkornmehl
42 g Hefe (1 Würfel)
10 g Meersalz (ca. 2 gestrichene TL)
50 g Olivenöl
300 g Wasser

Die Glasur

½ TL Honig
1 Eigelb
2 TL Olivenöl
1 EL Wasser

Zum Bestreuen

Sesam

Fladenbrote sind, weil so schön locker, eine gute Beilage zu Tzatziki, Kartoffelsalat und Salaten überhaupt.

Aus den angegebenen Zutaten einen Hefeteig herstellen.
Den Teig an einem warmen Ort zugedeckt ein bis zwei Stunden gehen lassen. Anschließend in 8 Portionen teilen und auf einer gut bemehlten Arbeitsfläche ovale, ca. 1 cm dicke Fladen auswellen und diese auf ein mit Backpapier ausgelegtes Blech legen.
Die Zutaten für die Glasur miteinander verrühren, auf die Brote auftragen und mit Sesamkörnern bestreuen.
Auf dem Blech die Fladenbrote noch ca. 20 Minuten gehen lassen.
Im vorgeheizten Ofen bei 200° C auf mittlerer Schiene ca. 15–17 Minuten backen.

Stockbrot

250 g Weizenvollkornmehl
1 gestrichener TL Meersalz
42 g Hefe (1 Würfel)
30 g Honig
50 g Butter
100 g Milch
1 EL Sesam

Alle Zutaten zu einem geschmeidigen Teig verarbeiten und eine halbe Stunde lang zugedeckt ruhen lassen.
Von dem Teig kleine Stücke abreißen, zu einer Schlange formen und um die Spitze eines Stockes schlingen.
Den Stock so lange über das Lagerfeuer halten, bis der Teig gut aufgegangen und gebräunt ist.

Kein Kindersommer ohne Stockbrot. Vor allem wenn vegetarisch gegrillt wird, also keine Wurst ins Feuer gehalten werden kann, bietet das Stockbrot eine echte Alternative. Kindern macht es riesigen Spaß zu beobachten, wie ihr selbst geformtes Brot über dem Feuer langsam aufgeht und knusprig wird. Und es schmeckt einfach lecker!

Käse-Laugen-Stangen

Der Teig
1000 g Weizenvollkornmehl
100 g Butter
500 g Wasser
25 g Meersalz
84 g Hefe (2 Würfel)

Die Füllung
450 g Emmentaler (gerieben)

Zum Eintauchen
1000 g Lauge (gebrauchsfertig)

Zum Bestreuen
Sesam

In ihrem Inneren verbirgt sich ein «fettes Geheimnis»: Es ist eine dicke Schicht Emmentaler, die zusammen mit dem unverwechselbaren Geschmack von Laugengebäck diese unscheinbare Käse-Laugen-Stange zu einer wahren Gaumenfreude macht.

Aus Mehl, Butter, Wasser, Meersalz und Hefe einen Teig bereiten und zugedeckt an einem warmen Platz 1 Stunde gehen lassen.
Den Teig in 16 Stücke teilen und mit einem Geschirrtuch abdecken, sodass die Teigstücke feucht bleiben. Nacheinander die Stücke zu mindestens 15 x 20 cm großen ovalen Fladen auswellen (wenn nötig, Arbeitsfläche etwas mit Öl einstreichen).
Die Fladen mit Käse bestreuen und aufrollen. Vor dem Ende des Aufrollens die Teigenden einmal einschlagen, damit beim Backen nicht zu viel Käse ausläuft.
Mit einer Schaumkelle die Stangen kurz in backfertige Lauge tauchen (Verdünnung 1:10 bis 1:11 oder beim Bäcker nach schon fertig verdünnter Lauge fragen). Darauf achten, dass die Lauge richtig verdünnt ist und außerdem nichts an die Haut oder in die Augen gelangt (am besten mit Einmalhandschuhen und nicht in der Nähe von Kindern arbeiten).
Die Stangen anschließend auf zwei mit Backpapier ausgelegte Backbleche verteilen und mit Sesam bestreuen. Den Ofen auf 200° C vorheizen und die Stangen ca. 15 Minuten mit Umluft backen.

Laugenbrezeln

Laugenbrezeln herzustellen ist keine große Sache, und da hier die Ruhezeit entfällt, haben Sie im Nu 12 schöne, selbst gemachte Brezeln, die Sie ohne oder mit Butter bestrichen genießen können.

Der Teig

1000 g Weizenvollkornmehl
600 g Wasser
42 g Hefe (1 Würfel)
25 g Meersalz

Zum Eintauchen

1000 g Lauge (gebrauchsfertig)

Zum Bestreuen

Sesam

Aus den angegebenen Zutaten einen Hefeteig zubereiten. Diesen ohne Ruhezeit zu 12 gleich großen Brezeln formen (wenn nötig, die Arbeitsfläche einölen), indem jedes Teigstück zu einem Strang mit ca. 60 cm Länge gerollt wird. Die Enden dabei dünner als die Mitte des Strangs formen. Die noch zu verarbeitenden Teigstücke mit einem Tuch abdecken, bis alle Brezeln geformt sind.

Mit einer Schaumkelle die Brezeln kurz in die gebrauchsfertige Lauge tauchen (Verdünnung 1:10 bis 1:11 oder beim Bäcker nach schon fertig verdünnter Lauge fragen). Darauf achten, dass die Lauge richtig verdünnt ist und außerdem nichts an die Haut oder in die Augen gelangt (am besten mit Einmalhandschuhen und nicht in der Nähe von Kindern arbeiten).

Die Brezeln auf zwei mit Backpapier ausgelegte Backbleche verteilen und mit Sesam bestreuen.

Wenn die fertigen Brezeln auf dem Blech liegen, den Backofen auf 200° C vorheizen und die Brezeln mit Umluft ca. 17 Minuten backen.

Nach dem Backen die Laugenbrezeln vollständig erkalten lassen, bevor man sie ganz vorsichtig vom Backpapier löst.

Knoblauch-Käse-Fladen

Knoblauch-Käse-Fladen sind schnell gemacht und schmecken ausgezeichnet zu Kräuterfrischkäse und grünem Salat.
Ein feines, leichtes Abendessen also, das müde Geister wieder munter macht.

Der Teig

20 g Olivenöl
1 Zwiebel (gewürfelt)
1 Knoblauchzehe (gequetscht)
500 g Dinkelvollkornmehl
20 g Hefe
500 g Mineralwasser
100 g Emmentaler (gerieben)
2 gestrichene TL Meersalz
1 gestrichener TL Kräuter der Provence

Zum Bestreichen

1 Eigelb
2 EL Sahne

Zum Bestreuen

50 g Emmentaler (gerieben)
50 g Sonnenblumenkerne

Die Zutaten für den Teig miteinander verrühren und zwei Backbleche mit Backpapier auslegen. Auf jedes Blech jeweils 4 runde, ca. 1,5 cm dicke Fladen aufstreichen. Diese mit einer Mischung aus Eigelb und Sahne bestreichen. Zum Bestreuen den Käse mit den Sonnenblumenkernen mischen und gleichmäßig über die Fladen verteilen.
Beide Bleche in den kalten Ofen schieben und diesen auf 200° C Umluft einstellen. Bei erreichter Temperatur die Fladen noch ca. 10 Minuten backen.

Zwiebel-Seelen

4 EL Olivenöl
500 g Zwiebel (gewürfelt)
1000 g Weizenvollkornmehl
84 g Hefe (2 Würfel)
100 g Butter
400 g Milch
20 g Meersalz
1 gestrichener EL Kümmel

Mit Butter bestrichen passen Zwiebel-Seelen gut zu Käse oder einem knackigen Salat.

Die Zwiebeln in Öl goldbraun anbraten und leicht abkühlen lassen.
Die restlichen Zutaten mit den Zwiebeln vermengen, gut verkneten und zugedeckt an einem warmen Ort 1 Stunde ruhen lassen. Danach den Teig nochmals durchkneten und in 8 Stücke teilen.
Jedes Teigstück zu ca. 20–25 cm langen Stangen formen (in der Mitte etwas dünner als an den Enden). Eine feuerfeste, mit Wasser gefüllte Schale auf den Boden des Backofens stellen und diesen auf 220° C vorheizen.
Die Stangen auf zwei mit Backpapier ausgelegte Backbleche verteilen und während der Ofen vorheizt noch 10 Minuten gehen lassen.
Die Seelen bei Umluft 10 Minuten bei 220° C und anschließend noch ca. 10–15 Minuten bei 175° C backen.

Seelen

Ein kräftiger Vollkornteig mit grobem Salz und reichlich Kümmel bestreut, schmeckt vollmundig und nicht nur an kühlen Tagen. Kümmel ist eines der ältesten bei uns verwendeten Gewürze mit wohltuender Wirkung, vor allem auf unseren Magen. Je nach Geschmack und um die Wirkung des Kümmels zu verstärken, kann dieser auch mit eingebacken werden. Diese Seelen eignen sich vorzüglich zu Suppe, Käse oder in Würfel geschnitten für das Käsefondue.

Der Teig

500 g Weizenvollkornmehl
500 g Dinkelvollkornmehl
42 g Hefe (1 Würfel)
1 TL Honig
50 g Butter
600 g Wasser
20 g Meersalz

Zum Bestreuen

Kümmel
grobes Salz

Die Zutaten für den Teig zusammenkneten und zugedeckt an einem warmen Ort 1 Stunde ruhen lassen. Danach den Teig auf einer bemehlten Arbeitsfläche nochmals durchkneten und in 8 Stücke teilen.
Jedes Teigstück zu ca. 20–25 cm langen Stangen formen (in der Mitte etwas dünner als an den Enden), mit lauwarmem Wasser bestreichen und mit Kümmel und grobem Salz bestreuen.
Eine feuerfeste, mit Wasser gefüllte Schale auf den Backofenboden stellen und diesen auf 220° C vorheizen. Die Stangen auf zwei mit Backpapier ausgelegte Backbleche verteilen und während der Ofen vorheizt noch 10 Minuten gehen lassen.
Die Seelen mit Umluft 10 Minuten bei 220° C, dann nochmals ca. 15 Minuten bei 175° C backen.

Käsesemmeln

Reichen Sie diese Käsesemmeln zu Suppe oder verschiedenen Salaten.

Der Teig

500 g Weizenvollkornmehl
200 g Emmentaler (gerieben)
300 g Milch
42 g Hefe (1 Würfel)
50 g Butter
15 g Meersalz (ca. 3 gestrichene TL)
1 gestrichener EL Kümmel

Zum Bestreichen

100 g Milch

Zum Bestreuen

80 g Emmentaler (gerieben)

Aus den angegebenen Zutaten einen Hefeteig herstellen und diesen zugedeckt an einem warmen Ort 1 Stunde gehen lassen.
Danach den Teig nochmals gut kneten und in 16 Stücke teilen.
Semmeln daraus formen und ihre Oberseite in eine Schale mit Milch tauchen. Anschließend die Semmeln auf ein mit Backpapier ausgelegtes Backblech legen und mit dem geriebenen Käse bestreuen.
Die Brötchen auf dem Blech 20 Minuten gehen lassen.
In dieser Zeit den Ofen auf 200° C vorheizen.
Auf der mittleren Schiene die Brötchen ca. 25 Minuten backen.

Joghurtstangen

Der Teig

600 g Weizenvollkornmehl
100 g Roggenvollkornmehl
50 g Leinsamen
10 g Meersalz (ca. 2 gestrichene TL)
110 g Wasser (warm)
42 g Hefe (1 Würfel)
350 g Natur-Joghurt
30 g Olivenöl
1 Ei

Zum Bestreichen

1 Eigelb
1 EL Sahne

Zum Bestreuen

Leinsamen

Joghurtstangen sind locker und luftig. Sie eignen sich für süßen wie für herzhaften Belag gleichermaßen.

Alle Zutaten zu einem Hefeteig verarbeiten, dabei den anfangs sehr klebrigen Teig lange und gründlich kneten. Anschließend zugedeckt an einem warmen Ort 1 Stunde gehen lassen.
Danach den Teig nochmals durchkneten, in 16 Stücke teilen, ca. 14 cm lange Stangen formen und auf ein mit Backpapier ausgelegtes Backblech legen. Eine Mischung aus Eigelb und Sahne auf die Stangen auftragen und mit Leinsamen bestreuen.
Während der Ofen auf 200° C vorheizt, die Stangen nochmals 10–15 Minuten auf dem Blech gehen lassen.
Auf der zweituntersten Schiene werden die Joghurtstangen nun ca. 30 Minuten gebacken.

Pizza-Spatzen

Die Pizza-Spatzen haben einen sehr feinen, eher dezenten Pizza-Geschmack, den ich in seiner unaufdringlichen Art aber gerade in diesem Rezept sehr schätze.
Wer es jedoch sehr würzig mag, sollte die Menge an Basilikum und Oregano etwas erhöhen.
Reichen Sie die Pizza-Spatzen zusammen mit verschiedenen Salaten oder als Beilage zu einer deftigen Käseplatte.

2 EL Olivenöl
125 g Zwiebel (gewürfelt)
125 g Emmentaler (gerieben)
400 g Weizenvollkornmehl
100 g Roggenvollkornmehl
42 g Hefe (1 Würfel)
300 g Wasser
10 g Meersalz (ca. 2 gestrichene TL)
2 gestrichene TL Basilikum
2 gestrichene EL Oregano

Die Zwiebeln im Öl goldbraun anbraten, abkühlen lassen und mit den restlichen Zutaten für den Teig zusammenkneten.
Zugedeckt an einem warmen Ort 1 Stunde ruhen lassen. Danach den Teig nochmals durchkneten und in 8 Stücke teilen.
Jedes Teigstück auf einer gut bemehlten Arbeitsfläche zu ca. 35 cm langen Stangen formen und zu einem Knoten schlingen.
Eine feuerfeste, mit Wasser gefüllte Schale auf den Backofenboden stellen und diesen auf 180° C vorheizen.
Die Spatzen auf ein mit Backpapier ausgelegtes Backblech legen und – während der Ofen vorheizt – noch 10 Minuten gehen lassen. Dann auf der zweituntersten Schiene ca. 40 Minuten backen.

Milchbrötchen

Milchbrötchen sind die idealen Frühstücksbrötchen. Sie passen gut zu Marmelade und Honig, aber durchaus auch zu Käse.

Der Teig

600 g Dinkelvollkornmehl
42 g Hefe (1 Würfel)
300 g Milch
20 g Honig
90 g Butter
10 g Meersalz (ca. 2 gestrichene TL)

Zum Bestreichen

1 Eigelb
1 EL Milch

Die Zutaten für den Teig gründlich miteinander verkneten und zugedeckt an einem warmen Ort 1 Stunde gehen lassen.
Danach den Teig nochmals kurz kneten und in 8 Stücke teilen. Längliche Brötchen daraus formen, auf ein mit Backpapier ausgelegtes Backblech legen und mit einer Mischung aus Eigelb und Milch bestreichen.
Jedes Brötchen der Länge nach ca. 1 cm tief einschneiden und auf dem Blech nochmals 15 Minuten gehen lassen.
In den kalten Ofen in die zweitunterste Schiene schieben und eine Temperatur von 180° C einstellen. Nach erreichter Temperatur noch ca. 20 Minuten backen.

Kräuterbrot

je 1 EL Dill, Petersilie, Schnittlauch (frisch)
1 gestrichener TL Oregano (gemahlen)
1 gestrichener TL Rosmarin (gemahlen)
1 Knoblauchzehe (gepresst)
500 g Weizenvollkornmehl
260 g Milch
2 gestrichene TL Meersalz

42 g Hefe (1 Würfel)
60 g Butter
1 Ei

Butter und Mehl für die Form

Beim Backen des Kräuterbrotes durchzieht ein verlockender Duft das ganze Haus. Dieses Brot passt zu Käse, schmeckt aber auch als einfaches Butterbrot sehr gut.

Dill, Petersilie und Schnittlauch gegebenenfalls waschen, trocknen und fein schneiden. Dann alle Zutaten zu einem Hefeteig verarbeiten und diesen zugedeckt 1 Stunde an einem warmen Ort gehen lassen.
Danach den Teig auf einer gut bemehlten Arbeitsfläche nochmals durchkneten und einen kleinen, länglichen Laib formen.
Eine Kastenform mit Butter einfetten und mit Mehl ausstäuben, den Brotlaib hineinlegen und zugedeckt weitere 20 Minuten gehen lassen.
In dieser Zeit den Ofen auf 180° C vorheizen.
Das Brot auf der zweituntersten Schiene ca. 50 Minuten backen.

Walnuss-Karotten-Brot

Ein Walnuss-Karotten-Brot schmeckt fein, und wie auch beim Zucchinibrot ist es eine gute Gelegenheit, Kindern Gemüse «unterzujubeln».

42 g Hefe (1 Würfel)
25 g flüssigen Honig
500 g Wasser
20 g Olivenöl
800 g Weizenvollkornmehl
200 g Walnüsse ohne Fett geröstet (gehackt)
300 g Karotten (fein geraspelt)
20 g Meersalz

Fett und Mehl für die Form

Die Hefe zusammen mit dem Honig im Wasser auflösen. Nach und nach die restlichen Zutaten einarbeiten. Den Teig zugedeckt an einem warmen Ort 1 Stunde gehen lassen.
Danach den Teig in zwei gefettete und mit Mehl ausgestäubte Kastenformen verteilen und erneut gehen lassen, bis der Ofen vorgeheizt ist.
Eine feuerfeste, mit Wasser gefüllte Schüssel auf den Boden des Ofens stellen und den Ofen auf 180° C vorheizen.
Das Brot auf der zweituntersten Schiene ca. 60 Minuten backen.
Vor dem Stürzen das Brot in der Form erkalten lassen.

Zucchinibrot

Wenn Zucchini in Massen reifen, ist man froh um jedes gute Rezept, in welchem sie sich verwerten lassen. Hier machen die Zucchini das Brot angenehm feucht. Einen Tag nach dem Backen lässt sich das Brot besser schneiden.

500 g Weizenvollkornmehl
100 g Haselnüsse (gemahlen)
200 g Wasser (warm)
42 g Hefe (1 Würfel)
250 g Zucchini (fein geraspelt)
10 g Meersalz (ca. 2 gestrichene TL)

Fett und Mehl für die Form

Alle Zutaten gut miteinander verrühren und zugedeckt eine halbe Stunde an einem warmen Ort gehen lassen.
Eine Kastenform buttern und mit Mehl ausstäuben, den Teig nochmals kurz durchrühren, in die Form füllen und glatt streichen.
Während der Ofen auf 200° C vorheizt, das Brot in der Form noch 10–15 Minuten gehen lassen. Ist es gut aufgegangen, wird es auf der zweituntersten Schiene ca. 60 Minuten gebacken.

Bärlauchbrot

100 g Bärlauchblätter (fein geschnitten)
800 g Weizenvollkornmehl
200 g Roggenvollkornmehl
100 g Butter
600 g Wasser
84 g Hefe (2 Würfel)
100 g Pinienkerne
20 g Meersalz

Die Bärlauchblätter waschen und sehr gut abtrocknen lassen. Dann die Blätter fein schneiden und mit dem Mehl mischen. Die restlichen Zutaten zugeben und zu einem Hefeteig verarbeiten.
Diesen 1 Stunde lang bedeckt an einem warmen Ort gehen lassen.
Den gegangenen Teig nochmals auf einer bemehlten Arbeitsfläche gut durchkneten, zwei schlanke Brote daraus formen und diese auf ein mit Backpapier ausgelegtes Backblech legen.
Beide Brote an der Oberseite mehrmals schräg einschneiden und auf dem Blech weitere 10–15 Minuten gehen lassen. Den Ofen auf 200° C vorheizen. Auf der zweituntersten Schiene werden die Brote ca. 45 Minuten gebacken.

Dieses Brot erhält seinen leckeren Geschmack durch die Verbindung von Pinienkernen mit Bärlauch. Pinienkerne können jedoch nach dem Verzehr einen bitteren Nachgeschmack haben, der sehr lange anhalten kann und jegliche Nahrung, einschließlich Wasser, bitter schmecken lässt. Offensichtlich ist dies nur bei Pinienkernen chinesischer Herkunft (Korea-Kiefer) der Fall, nicht aber z.B. bei Ware aus Pakistan, Italien oder Kalifornien. Achten Sie beim Kauf deshalb unbedingt auf das Herkunftsland.

Knoblauchbrot

1000 g Weizenvollkornmehl
650 g Milch (warm)
84 g Hefe (2 Würfel)
25 g Meersalz
70 g Sonnenblumenkerne
20 g Knoblauch (ca. 10 Zehen, gepresst)

Getoastet und noch heiß mit Butter bestrichen passt es gut zu einer Käseplatte, einem griechischen Salat und ganz ausgezeichnet auch als Beilage zu einer guten Suppe.

Alle Zutaten zu einem Hefeteig verarbeiten, zugedeckt an einem warmen Platz 1 Stunde gehen lassen, nochmals kneten und danach mit nassen Händen zu zwei länglichen Broten formen.
Diese auf ein mit Backpapier ausgelegtes Backblech legen und leicht schräg einige Male einschneiden.
Zugedeckt nochmals kurz gehen lassen. Im vorgeheizten Ofen bei 200° C auf der zweituntersten Schiene knapp 40 Minuten backen.

Sauerteig-Gewürzbrot

Der Sauerteig
500 g Roggenvollkornmehl
450 g Wasser
1 TL Kümmel

Der Brotteig
700 g Weizenvollkornmehl
300 g Roggenvollkornmehl
300 g Sauerteig
600 g Wasser (warm)
20 g Hefe
2 gestrichene EL Kümmel
3 gestrichene TL Koriander (gemahlen)
2 gestrichene TL Anis (gemahlen)
2 gestrichene TL Fenchel (gemahlen)
1 gestrichener TL Kardamom (gemahlen)
25 g Meersalz

Sauerteig bereichert das tägliche Brotallerlei mit dem ihm typischen Geschmack. Dieser wird durch die hier beigegebenen Brotgewürze noch zusätzlich unterstrichen.

Für den Ansatz des Sauerteiges 250 g Roggenvollkornmehl mit 300 g Wasser und dem Kümmel in einer Schüssel zu einem glatten Brei verrühren. Diesen bedeckt bei 25–30° C Zimmertemperatur zwei Tage ruhen lassen. Täglich einmal kurz durchrühren. Am dritten Tag das restliche Mehl und Wasser zugeben, gut durchrühren und einen weiteren Tag bei gleicher Zimmertemperatur stehen lassen.
Vom Sauerteig 300 g abnehmen, den Rest für das nächste Sauerteigbrot zurückhalten. Der angesetzte Sauerteig hält in einem gut verschlossenen Schraubglas (Vorsicht: Teig dehnt sich noch aus) im Kühlschrank ca. 4–5 Tage. Am vierten Tag die Zutaten für den Brotteig gut miteinander verkneten und mit einem Tuch bedeckt 1–2 Stunden an einem warmen Ort gehen lassen. Wenn der sehr feuchte Teig gut aufgegangen ist, nochmals durchkneten und mit nassen Händen zwei längliche Brote formen. Diese auf ein mit Backpapier ausgelegtes Backblech legen, die Oberfläche leicht schräg einschneiden und zugedeckt nochmals eine halbe Stunde gehen lassen.
Eine feuerfeste, mit Wasser gefüllte Form in den Ofen stellen und diesen auf 200° C vorheizen. Das Brot auf der zweituntersten Schiene knapp 55 Minuten backen.

Körnermix-Brot

Ein Allround-Brot, passend für jeden Belag, zum Toasten, zum Überbacken und natürlich einfach so.

84 g Hefe (2 Würfel)
20 g Honig
500 g Buttermilch
150 g Wasser
500 g Weizenvollkornmehl
500 g Dinkelvollkornmehl
100 g Sonnenblumenkerne
100 g Pinienkerne
50 g Kürbiskerne
20 g Meersalz

Die Hefe in Honig, Buttermilch und Wasser auflösen. Anschließend die restlichen Zutaten zugeben und alles gut miteinander verkneten.
An einem warmen Ort den Teig zugedeckt 1 Stunde ruhen lassen.
Danach den Teig gut kneten, einen runden Brotlaib formen und diesen auf ein mit Backpapier ausgelegtes Backblech legen.
Die Oberseite des Brotes mehrmals leicht schräg einschneiden und zugedeckt auf dem Blech nochmals 15 Minuten gehen lassen, während der Ofen auf 200° C vorheizt. Das gut aufgegangene Brot auf der zweituntersten Schiene ca. 60 Minuten backen. Nach etwa der Hälfte der Backzeit auf 180° C zurückschalten.

Pinienkerne: Hinweis zu Qualität und Herkunft siehe Seite 55 (Bärlauchbrot).

Knäckebrot

Knusprig – körnig – lecker! So gut kann nur selbst gebackenes Knäckebrot sein. Dabei ist es völlig egal, wie oft und in welchen Mengen ich Knäckebrot backe – nach einem, spätestens aber nach zwei Tagen haben es meine Kinder aufgefuttert. Und so backe ich eben wieder welches ...

500 g Wasser
120 g Weizenvollkornmehl
30 g Buchweizenmehl
150 g Vollkornhaferflocken (feinblättrig)
100 g Sonnenblumenkerne
70 g Sesam
50 g Leinsamen
20 g Olivenöl
1 gestrichener TL Meersalz

Die Zutaten miteinander verrühren und auf zwei mit Backpapier ausgelegte Backbleche streichen. Dabei wird der Teig aber nur ganz dünn aufgetragen; das fertige Knäckebrot ist nur ca. 3 mm dick. Bei zu kleinen Blechen den restlichen Teig besser auf einen Teil eines dritten Bleches geben.
Im vorgeheizten Backofen wird das Knäckebrot mit Umluft bei 175° C ca. 45 Minuten gebacken. Nach 15 Minuten die Bleche aus dem Ofen nehmen und die Teigplatten mit einem scharfen Messer (gute Dienste leistet auch ein Pizzaschneider) zu Knäckebrotscheiben schneiden. Dann erneut für ca. 30 Minuten in den Ofen schieben.
Achten Sie aber in den letzten Minuten der Backzeit darauf, das Brot nicht dunkel werden zu lassen, was bei dünnem Teig und insbesondere bei Umluft schnell passiert. Nehmen Sie es heraus, sobald es knusprig durchgebacken und nur leicht gebräunt ist. Anschließend das Knäckebrot auskühlen lassen und in einer Dose aufbewahren.

Grahambrot

500 g Weizenvollkornschrot (fein geschrotet)
15 g Meersalz (ca. 3 gestrichene TL)
300 g Wasser (kochend)
150 g Wasser (warm)
42 g Hefe (1 Würfel)
150 g Weizenvollkornmehl (sehr fein gemahlen)

Mehl und Fett für die Form

Weizenschrot und Salz mit dem kochenden Wasser überbrühen, gut verrühren, zu einer Kugel formen und zugedeckt 15 Minuten stehen lassen. Am Ende dieser Zeit aus dem warmen Wasser, der Hefe und 150 g Mehl einen feuchten Teig anrühren. Beide Teige dann lange und gründlich zusammenkneten, zu einem Laib formen und diesen in eine gefettete und mit Mehl ausgestreute Kastenform geben.
In der Form mindestens 60 Minuten zugedeckt an einem warmen Ort gehen lassen; der Teig muss deutlich aufgegangen sein, bevor das Brot gebacken wird.
Dann die Form in den auf 200° C vorgeheizten Ofen auf der zweituntersten Schiene backen.
Nach 10 Minuten die Temperatur auf 175° C reduzieren – ca. 30 Minuten ist das Brot fertig.

Dieses Brot hat wohl den intensivsten Vollkorngeschmack und ist darum einfach so richtig gut. Echtes Grahambrot wird seit jeher ganz und gar ohne Triebmittel gebacken, doch trifft das heute nicht jedermanns Geschmack. Darum wird hier Hefe verwendet. Wenn Grahambrot dennoch zu schwer wird und gar nicht aufgeht, liegt das in der Regel daran, dass das Korn zu grob geschrotet wurde.

Toastbrot

1050 g Weizenvollkornmehl
650 g Milch (warm)
84 g Hefe (2 Würfel)
50 g Butter
20 g Meersalz

Butter und Mehl für die Form

Toastbrot muss nicht gekauft sein, denn dieses Brot ist schnell gemacht und schmeckt getoastet sehr lecker.
Das Toastbrot am besten erst einen Tag nach dem Backen anschneiden.

Die angegebenen Zutaten zu einem Hefeteig verarbeiten, dabei gut durchkneten und für 1 Stunde an einem warmen Ort zugedeckt gehen lassen.
Zwei Kastenformen mit Butter ausfetten und mit Mehl bestäuben. Den Teig in die Formen verteilen und nochmals eine halbe Stunde in der Form gehen lassen. In dieser Zeit den Ofen vorheizen und das Brot bei 200° C ca. 30 Minuten auf der untersten Schiene backen.

Quarksemmeln

Backen, abkühlen lassen, aufessen – so schmecken sie am besten.

500 g Weizenvollkornmehl
500 g Magerquark
17 g Backpulver (1 Päckchen)
2 gestrichene TL Meersalz
2 gestrichene TL Kümmel
50 g Honig
1 Ei

Alle Zutaten kräftig miteinander verkneten und in 16 gleich große Stücke teilen.
Die Brötchen formen und diese auf ein mit Backpapier ausgelegtes Backblech legen.
Den Ofen auf 180° C vorheizen und die Semmeln auf der untersten Schiene ca. 30–35 Minuten backen.

Apfelbrot

Apfelbrot passt gut in den Herbst und ist geeignet, uns die kalten, trüben Tage zu versüßen, in denen der Sommer vorbei ist und die vorweihnachtliche Zeit noch ein wenig auf sich warten lässt.

800 g Apfelschnitze (ungeschält)
250 g Honig
200 g Mandeln (ganz)
200 g Rosinen
500 g Dinkelvollkornmehl
17 g Backpulver (1 Päckchen)
30 g Kakaopulver (ungesüßt)
2 gestrichene TL Zimt
1 MSP Nelken (gemahlen)
1 Prise Meersalz

Butter und Mehl für die Form

Die Äpfel in kleine Stücke schneiden und mit den restlichen Zutaten gut verrühren. In zwei gefettete und mit Mehl ausgestreute Kastenformen (je 1,5 l Inhalt) füllen. Im vorgeheizten Ofen bei 180° C auf der untersten Einschubleiste ca. 1 Stunde backen.

Mandelbrötchen

Mandelbrötchen schmecken am besten am gleichen Tag ausgekühlt mit Butter und Marmelade.

Der Teig

400 g Weizenvollkornmehl
200 g Mandeln (gemahlen)
200 g Milch (warm)
42 g Hefe (1 Würfel)
70 g Honig
90 g Butter
1 Prise Meersalz
1 Prise Kardamom

Zum Bestreichen

1 Eigelb
2 EL Sahne

Zum Bestreuen

Mandeln (gehackt)

Aus den Teigzutaten einen Hefeteig zubereiten und diesen zugedeckt an einem warmen Ort 1 Stunde gehen lassen. Danach den Teig noch einmal durchkneten und in 12 gleich große Stücke teilen und zu Brötchen formen.
Eigelb und Sahne miteinander verquirlen und die Brötchen damit bestreichen.
Die gehackten Mandeln auf einen Teller schütten, die Brötchen mit der Oberseite darin wälzen und auf ein mit Backpapier ausgelegtes Backblech legen.
Den Ofen auf 180° C vorheizen und die Brötchen währenddessen auf dem Blech gehen lassen. Auf der zweituntersten Schiene ca. 30 Minuten backen.

Sonnenblumenkernbrötchen

Sonnenblumenkern-
brötchen zum Frühstück –
so fängt der Tag gut an.

42 g Hefe (1 Würfel)
25 g Honig (flüssig)
600 g Wasser
1000 g Weizenvollkornmehl
100 g Sonnenblumenkerne
20 g Meersalz

Die Hefe zusammen mit dem Honig im Wasser auflösen. Nach und nach das Mehl, die Sonnenblumenkerne und das Salz einarbeiten.
Anschließend den Teig in 16 gleich große Stücke teilen und Brötchen daraus formen. Diese auf ein mit Backpapier ausgelegtes Backblech legen und zugedeckt an einem warmen Ort eine halbe Stunde gehen lassen.
Dann die Brötchen in die zweitunterste Schiene des kalten Ofens einschieben.
Den Ofen auf 200° C einschalten und die Brötchen bei erreichter Temperatur noch ca. 25 Minuten backen.

Mohnsemmeln

Der Teig

500 g Weizenvollkornmehl
320 g Milch (warm)
42 g Hefe (1 Würfel)
30 g Butter
1 gestrichener TL Meersalz

Zum Bestreichen

20 g Milch
10 g Butter

Zum Bestreuen

Mohn

Mohnsemmeln mit Butter bestrichen schmecken köstlich zu Honig und Marmelade, zu Schokoladenbutter und anderen süßen Brotaufstrichen.

Alle Zutaten zu einem Hefeteig verarbeiten und zugedeckt an einem warmen Platz 1 Stunde gehen lassen.
Den Teig nochmals durchkneten und in 8 gleich große Stücke teilen. Semmeln formen, diese auf ein mit Backpapier ausgelegtes Backblech legen und oben einen kleinen Kreis einritzen (ein Kernhausausstecher ist da sehr praktisch). Für die typische Form zudem noch schräg nach unten verlaufende Linien einschneiden (wie Sternsemmeln).
Die Milch erwärmen und die Butter darin auflösen. Anschließend die Semmeln damit bestreichen und mit Mohn bestreuen.
Im vorgeheizten Ofen werden die Mohnsemmeln bei 200° C ca. 25 Minuten auf der mittleren Schiene gebacken.

Anisbrot

7 Eier (getrennt)
200 g Honig
4 EL Wasser
300 g Dinkelvollkornmehl
2 Zitronen (die geriebene Schale)
2 gestrichene TL Anis (gemahlen)
1 gute Prise Meersalz

Anis – seit Urzeiten schon Heilmittel und Gewürz zugleich. Dieses Rezept beschreibt ein süßes und leichtes Brot, das ganz schnell gemacht und vor allem auch bei Kindern sehr beliebt ist.

Das Eiweiß zu steifem Schnee schlagen. Eigelb, Honig und Wasser cremig schlagen. Den Eischnee auf diese Creme gleiten lassen, die restlichen Zutaten darüber verteilen und mit dem Schneebesen vorsichtig unterheben.
Den Biskuitteig in zwei mit Backpapier ausgekleidete Kastenformen verteilen, vorsichtig glatt streichen und im auf 200° C vorgeheizten Backofen auf der untersten Schiene ca. 25 Minuten backen.
Danach das Anisbrot aus der Form heben und ausgekühlt in dicke Scheiben schneiden.

Apfelnudeln

Berliner Hefeschnecken Mohnschnecken

Nusshörnchen Osternestchen

Pfirsich-Muffins

Windbeutel

Teilchengebäck

Eine willkommene Abwechslung in der süßen Küche ist das Teilchengebäck.
Die Herstellung ist meist unkompliziert, man kann sie gut unterwegs mitnehmen und sie eignen sich hervorragend für ein Essen mit Kindern. Denn alles, was aus der Hand gegessen werden kann, schmeckt einfach nochmals so gut.

Nusshörnchen

Der Teig

500 g Dinkelvollkornmehl
220 g Wasser
40 g Honig
42 g Hefe (1 Würfel)
1 gestrichener TL Meersalz
250 g Butter (gut gekühlt und
in gleichmäßige Scheiben geschnitten)

Die Füllung

250 g Haselnüsse (gemahlen)
100 g Honig
200 g Sauerrahm

Zum Bestreichen

4 EL Sahne
1 Eigelb

Zur kalten Herbstzeit schmecken Nusshörnchen besonders gut – vor allem, wenn sie frisch aus dem Ofen kommen und noch leicht warm gegessen werden.

Für den Teig alle Zutaten – bis auf die Butter – zu einem Hefeteig verarbeiten und zugedeckt an einem warmen Ort 1 Stunde gehen lassen. Anschließend den Hefeblätterteig, wie unter «Allgemeines – Blätterteig» (Seite 11) beschrieben, herstellen. Die Zutaten für die Füllung gut miteinander vermengen. Den fertigen Hefeblätterteig in zwei Hälften teilen und jede der Hälften kreisrund – ungefähr 35 cm im Durchmesser – auswellen. Jeweils mit einem scharfen Messer vierteln und diese Viertel erneut durchschneiden, sodass insgesamt 16 gleich große Dreiecke entstehen. Auf den breiten Teil der Dreiecke je einen Esslöffel der Füllung setzen und diese leicht verstreichen. Die Dreiecke zur Spitze hin aufrollen und die seitlichen Spitzen unter die Hörnchen schlagen.

Die Nusshörnchen auf zwei mit Backpapier ausgelegte Backbleche legen und mit einer Mischung aus Sahne und Eigelb bestreichen. Anschließend 20 Minuten gehen lassen und im vorgeheizten Ofen bei 180° C mit Umluft ca. 25–30 Minuten backen.

Berliner

Traditionell backen wir Berliner bei uns zu Hause nur einmal im Jahr zur Faschingszeit. Schmecken würden sie uns natürlich viel öfter, doch so bleiben sie eben etwas ganz Besonderes.
Bleiben doch einmal einige übrig: Eingefroren und im Ofen nochmals erwärmt, schmecken sie wie frisch gebacken.

Der Teig
550 g Weizenvollkornmehl
550 g Dinkelvollkornmehl
500 g Milch
150 g Butter
150 g Honig
84 g Hefe (2 Würfel)
2 Zitronen (die geriebene Schale)
1 MSP Meersalz

Für die Arbeitsfläche
einige EL Olivenöl

Zum Ausbacken
1000 g Pflanzenfett

Zum Füllen
450 g Marmelade

Aus den angegebenen Zutaten einen Hefeteig bereiten und diesen zugedeckt an einem warmen Ort 1 Stunde gehen lassen. Danach den Teig auf einer gut eingeölten Arbeitsfläche (kein Mehl im Frittierfett) ca. 1 cm dick auswellen und mit einem Glas Kreise ausstechen. Bei einem Glasdurchmesser von 8 cm ergibt die Teigmenge ca. 30 Stück. Unter einem Tuch die Berliner eine weitere halbe Stunde ruhen lassen. Das Fett in einem flachen Topf oder einer etwas höheren Pfanne erhitzen und die Berliner portionsweise ausbacken. Nach ca. 3 Minuten mit dem Schaumlöffel wenden und die andere Seite ebenfalls ca. 3 Minuten backen. Die Temperatur darf nicht zu hoch sein, da das Gebäck dann zu dunkel wird und nicht mehr aufgeht. Also lieber bei niedriger Hitze die Berliner länger backen und regelmäßig wenden, bis sie leicht gebräunt und schön aufgegangen sind. Herausnehmen und auf dem Gitter abtropfen lassen. Noch heiß jeden Berliner mittels einer Krapfentülle mit Marmelade füllen.
Für diejenigen, die so viel Fett nicht vertragen, können die Berliner auch bei 175 °C auf der zweituntersten Einschubleiste im vorgeheizten Ofen ca. 15 Minuten gebacken werden. Sie bleiben dabei hell, werden ebenfalls heiß mit Marmelade gefüllt und schmecken auch sehr lecker.

Osternestchen

Diese Nestchen sind eine liebevolle Begrüßung am Ostermorgen.

Der Teig

500 g Dinkelvollkornmehl
(sehr fein gemahlen)
100 g Roggenvollkornmehl
200 g Milch
42 g Hefe (1 Würfel)
150 g Butter
100 g Honig (fest)

Zum Bestreichen

1 Eigelb
2 EL Sahne

Aus den angegebenen Zutaten einen Hefeteig herstellen und diesen zugedeckt 1 Stunde gehen lassen. Anschließend den Teig in 8 gleich große Portionen teilen, welche dann nochmals halbiert werden.
Jeweils zwei kleine Teigstückchen zu ca. 30 cm langen Rollen formen, umeinanderschlingen und zu einem Kreis schließen. Auf diese Weise 8 kleine Teigkränzchen herstellen und diese auf ein mit Backpapier ausgelegtes Backblech legen.
Eigelb und Sahne vermischen und die Kränzchen damit bestreichen.
Im vorgeheizten Ofen bei 175° C auf der untersten Schiene ca. 25 Minuten backen.
Der Platz für acht Kränzchen ist auf einem Blech knapp bemessen. Sollten Ihre Backbleche sehr klein sein, die Kränzchen auf zwei Bleche verteilen und nacheinander backen.
Am Ostermorgen je ein gefärbtes oder bemaltes Ei in die Mitte eines Kränzchens setzen.

Mohnschnecken

Der Teig
550 g Dinkelvollkornmehl
250 g Milch
120 g Butter
60 g Honig
42 g Hefe (1 Würfel)
1 Prise Meersalz

Die Füllung
150 g Mohn (gequetscht)
100 g Mandelblättchen
100 g Rosinen (zuvor in Wasser eingeweicht, dann gut ausgedrückt)
100 g Honig (flüssig)
50 g Milch (heiß)
1 Ei
1 gestrichener TL Zimt

Die Glasur
30 g Butter
40 g Honig

Frisch gebacken sind Mohnschnecken besonders lecker, sie lassen sich aber auch gut mehrere Tage aufbewahren.

Die Zutaten für den Hefeteig miteinander verkneten und 1 Stunde gehen lassen. Nach Ende der Teigruhe die Zutaten für die Füllung miteinander vermischen.
Den Teig auf einer gut bemehlten Arbeitsfläche zu einem 40 x 50 cm großen Rechteck ausrollen und die Füllung gleichmäßig darauf verstreichen.
Anschließend von der Breitseite her aufrollen und 16 gleich große Schnecken abschneiden. Diese auf ein mit Backpapier ausgelegtes Backblech legen.
Anschließend das Blech in den kalten Ofen einschieben, zweite Leiste von unten, und auf 200° C einschalten. Bei erreichter Temperatur noch ca. 15 Minuten backen.
Für die Glasur Butter und Honig erhitzen und die Schnecken noch heiß damit bestreichen.

Hefeschnecken

Gerade frisch aus dem Ofen sind Hefeschnecken am besten. Die Füllung aus Sahne und Honig macht sie angenehm feucht.

Der Teig

400 g Dinkelvollkornmehl
42 g Hefe (1 Würfel)
150 g Milch (lauwarm)
50 g Butter
50 g Honig
1 Prise Meersalz
1 Ei

Die Füllung

100 g Honig
100 g Rosinen
200 g Mandeln (gemahlen)
200 g Sahne
30 g Vollkorn-Semmelbrösel
1 Ei

Die angegebenen Zutaten zu einem Hefeteig verarbeiten und diesen zugedeckt an einem warmen Platz 1 Stunde gehen lassen. Danach die Zutaten für die Füllung miteinander verrühren.

Den Teig nochmals durchkneten und zu einem Rechteck, etwa 40 x 50 cm, ausrollen. Die Füllung auf dem Teig verstreichen und von der Breitseite her aufrollen. Anschließend 16 gleich große Schnecken abschneiden und auf ein mit Backpapier ausgelegtes Backblech legen.

Nach 10 Minuten in den kalten Ofen und in die zweitunterste Schiene einschieben und auf 200° C einschalten.

Ist die Temperatur erreicht, höchstens noch 15 Minuten backen.

Windbeutel

Der Teig

250 g Wasser
1 Prise Meersalz
50 g Butter
150 g Weizenvollkornmehl
150 g Eier
1 gestrichener TL Backpulver

Die Füllung

200 g Sahne
50 g Honig
100 g Magerquark
1 Zitrone (die geriebene Schale)

Locker, luftig und leicht werden diese Windbeutel. Eier zu wiegen mutet etwas seltsam an, aber nach einem Dutzend Fehlschlägen, deren Ergebnis steinharte Windbeutel waren, habe ich mich zu diesem Rezept vorgearbeitet. So gelingt es!

Für den Teig das Wasser zusammen mit dem Salz und der Butter aufkochen. Dann das Mehl auf einmal hineinschütten. So lange rühren, bis die Masse einen Kloß bildet und sich (bis auf eine dünne Schicht) vom Topfboden löst.

Auf der ausgeschalteten Herdplatte den Kloß noch eine Minute lang weiterrühren. Anschließend den Topf von der Platte nehmen, den Teig in eine Rührschüssel geben und leicht abkühlen lassen.

Unter Rühren (am besten in der Küchenmaschine oder mit dem Handrührgerät) die abgewogenen Eier nach und nach gut in den Teig einarbeiten. Erst jetzt das Backpulver über den Teig stäuben und gut unterrühren.

Mithilfe zweier Löffel ca. 14 Häufchen auf ein mit Backpapier ausgelegtes Backblech geben. Im vorgeheizten Ofen werden die Windbeutel bei 180° C auf der zweituntersten Einschubleiste ca. 35 Minuten gebacken. Dabei die Ofentür immer geschlossen halten.

Sind die Windbeutel vollständig erkaltet, wird die Sahne zusammen mit dem Honig steif geschlagen und dann der Quark mit der Zitronenschale untergezogen.

Die Windbeutel halbieren, füllen und am besten sofort genießen.

Apfelnudeln

Apfelnudeln schmecken lecker, vor allem auch denjenigen, die es nicht immer so süß mögen. Die Mengenangaben sind recht großzügig bemessen. Da die Apfelnudeln aber auch am nächsten Tag noch sehr gut schmecken, schadet es nicht, wenn einige übrig bleiben.

Der Teig

750 g Dinkelvollkornmehl
230 g Milch
120 g Honig
100 g Butter
42 g Hefe (1 Würfel)
1 Zitrone (die geriebene Schale)
1 Prise Meersalz
2 Eier
60 g Butter

Die Füllung

1000 g Äpfel (weich backend, klein geschnitten)
120 g Rosinen
1 gestrichener TL Zimt

Zum Bestreichen

1 Eigelb
2 EL Sahne

Aus den Teigzutaten einen Hefeteig herstellen und zugedeckt 1 Stunde lang an einem warmen Platz gehen lassen.
In dieser Zeit die Butter zerlassen und Äpfel, Rosinen und Zimt für die Füllung zusammenrühren. Dann den Teig nochmals gut durchkneten und in 16 gleich große Stücke teilen. Jedes Stück zu einem Kreis mit ca. 18 cm Durchmesser ausrollen.
Die Kreise mit der zerlassenen Butter bestreichen und je 3–4 Esslöffel der Füllung daraufgeben. Den Teig um die Füllung legen, zu einer Kugel formen und die Ränder gut andrücken.
Mit dem Teigschluss nach unten werden die Nudeln auf zwei mit Backpapier ausgelegte Backbleche verteilt und mit der Mischung aus Eigelb und Sahne bestrichen.
Im vorgeheizten Ofen werden die Apfelnudeln bei 180° C nacheinander auf der Schiene von unten ca. 15–20 Minuten gebacken.

Pfirsich-Muffins

Mit Pfirsichmarmelade gefüllt schmecken diese kleinen Kuchen angenehm fruchtig – je mehr Marmelade, umso besser!

100 g Butter
100 g Honig
3 Eier
1 Prise Meersalz
250 g Weizenvollkornmehl
10 g Backpulver (ca. 5 gestrichene TL)
200 g Pfirsichmarmelade

Butter und Honig schaumig schlagen, dann die Eier zugeben und weiterschlagen. Die restlichen Zutaten – außer der Marmelade – unterrühren.
Anschließend 12 Muffinförmchen mit dem Teig füllen und im vorgeheizten Ofen bei 180° C auf der zweituntersten Einschubleiste knapp 25 Minuten backen.
Mittels einer Krapfentülle die noch heißen Muffins mit Pfirsichmarmelade füllen. Dazu mit der Tülle die Muffins im Inneren etwas weiten, so kann mehr Marmelade eingefüllt werden.

Apfelkuchen versunkener Apfelkuchen kerniger Apfelkuchen
Apfelsaft-Kuchen Bananen-Schokoladen-Biskuitrolle Bananentorte
Baumstamm Bienenstich Birnenkuchen Donauwelle
Erdbeerkuchen mit Sahne Erdbeertorte Frankfurter Kranz
Hutzelbrot Johannisbeerkuchen Käsekuchen
Käse-Sahne-Torte Kirsch-Mandel-Biskuit Krümeltorte
Kuchen im Glas Mandel-Butterkuchen Marmorkuchen
Mohnrolle finnischer Nusskranz Nuss-Striezel Orangenkuchen
Osterbrot Pfirsich-Frischkäsekuchen Quark-Christstollen
Quarkkuchen mit Kirschen Rhabarberkuchen vom Blech
Rosenkuchen Roulade mit Himbeerfüllung Rüblikuchen
Schwarzwälder Kirschtorte Schokoladenkuchen
Walnuss-Schokoladen-Striezel Walnusstorte
Zitronenkuchen Zwetschgenkuchen vom Blech

Kuchen und Torten

Vom einfachen Butterkuchen bis zur festlichen Torte, von spritzig-frischen Sommerkuchen bis zu Herbstkuchen mit ihren weihnachtlichen Gewürzen – die Vielfalt an Kuchen und Torten ist groß.
Kuchen und anderes honigsüße Backwerk sind etwas Besonderes. Vielleicht haben wir mehr Sinn dafür, wenn wir uns bewusst machen, dass für unseren Kuchen, gesüßt mit ungefähr 200 g Honig, von einem Bienenvolk ca. eine Million Blüten angeflogen werden müssen. So kann es für uns nichts Alltägliches, aber dafür umso Schöneres sein, wenn süßer Kuchenduft die Küche erfüllt.

Walnuss-Torte

Der Teig

80 g Butter
200 g Honig
2 Eier
150 g Weizenvollkornmehl
3 gestrichene TL Backpulver
100 g Walnüsse (gemahlen)
1 Orange (die geriebene Schale)

Zum Bestreuen

Mandeln (gehackt)

Die Füllung

200 g Sahne
40 g Honig (fest)
200 g Magerquark
50 g Walnüsse (gemahlen)

Zum Verzieren

200 g Sahne (steif geschlagen)
9 Walnüsse (halbiert)

Walnüsse bereichern durch ihr Aroma, sind aufgrund ihrer wertvollen Inhaltsstoffe sehr gesund und eignen sich durch ihre wunderschöne Form vorzüglich zur Dekoration.
Bereiten Sie diese Torte in der Winterzeit, wenn es die besten Orangen gibt und die heimischen Früchte ohnehin rar sind.

Für den Teig werden Butter und Honig miteinander verrührt, die Eier zugefügt und gut durchgeschlagen. Danach die anderen Zutaten unterrühren. Den Teig in einer gefetteten oder mit Backpapier ausgelegten Springform gleichmäßig verstreichen. Den Teig im auf 180° C vorgeheizten Ofen auf der zweituntersten Schiene ca. 25–30 Minuten backen. Den Boden vollständig auskühlen lassen und einmal halbieren.
Für die Füllung die Sahne mit dem Honig steif schlagen und den Magerquark sowie die Nüsse unterrühren.
Den Tortenboden auf eine Kuchenplatte legen, die Füllung darauf verteilen und den Deckel aufsetzen. Ein Viertel der Sahne in eine Garnierspritze füllen und mit dem Rest die Torte ringsherum bestreichen.
Die gehackten Mandeln aufstreuen und am äußeren Rand 16 Sahnetupfen aufspritzen sowie einen in die Mitte setzen. Den mittleren und jeden zweiten Sahnetupfen mit je einer Walnusshälfte verzieren und die Torte kühl stellen.

Quarkkuchen mit Kirschen

Der Pudding
500 g Milch
50 g Speisestärke
1 ½ gestrichene TL Vanille (ca. 3 g)
40 g Honig

Der Knetteig
375 g Weizenvollkornmehl
2 gestrichene TL Backpulver
1 Prise Meersalz
130 g Butter
100 g Honig
2 Eier

Die Quarkfüllung für den Pudding
2 Zitronen (die geriebene Schale)
750 g Sahnequark (40 % Fett i. Tr.)
130 g Honig
1 Eiweiß (steif geschlagen)

Zum Belegen
700 g Kirschen (entsteint)

Die Streusel
250 g Weizenvollkornmehl
100 g Butter
100 g Honig

Feiner Vanillepudding kombiniert mit saftigen Kirschen und leckeren Streuseln auf Keksboden – ein guter Kuchen in der Kirschenzeit. Man könnte bei einem so üppigen Kuchen wie diesem auf die Idee kommen, wenigstens den Sahnequark durch Magerquark zu ersetzen. Tun Sie's nicht! Essen Sie lieber weniger!

Von der Milch die Hälfte abnehmen und die Speisestärke sowie die Vanille klümpchenfrei damit anrühren. Die restliche Milch mit dem Honig zum Kochen bringen und die angerührte Speisestärke einrühren. Auf ausgeschalteter Platte weiterrühren, bis ein fester Pudding entstanden ist. Abkühlen lassen.
Die Teigzutaten zusammenkneten. Ein Blech mit Backpapier auslegen und mit einem Backrahmen (30 x 40 cm) versehen. Den Teig auf einer bemehlten Arbeitsfläche auswellen und in den Backrahmen legen.
Zitronenschale, Quark, Honig und Eischnee mit dem erkalteten Pudding verrühren und auf dem Teig verstreichen. Darauf die Kirschen verteilen, die Zutaten für die Streusel verkneten und den Kuchen damit bedecken. Im vorgeheizten Ofen bei 200° C auf der zweituntersten Schiene ca. 40 Minuten backen. Nach der Hälfte der Backzeit mit Alufolie abdecken, damit die Streusel nicht zu stark bräunen.

Rosenkuchen

Kirschen sind, egal ob in der Schwarzwälder Kirschtorte oder in Schnecken eingerollt, eine vorzügliche Füllung für Gebäck, weil sie saftig sind und so verhindern, dass das Gebackene austrocknet. Der Rosenkuchen kann deshalb gut am Vortag gemacht werden.

Der Teig

150 g Magerquark
100 g Honig
80 g Butter
1 MSP Meersalz
1 Zitrone (die geriebene Schale)
300 g Weizenvollkornmehl
17 g Backpulver (1 Päckchen)

Die Füllung

30 g Speisestärke
150 g Kirschsaft
100 g Honig
700 g Kirschen (entsteint)

Die Glasur

1 Eigelb
1 EL Sahne

Für die Füllung die Stärke mit 100 g Kirschsaft anrühren. Den Honig sowie den restlichen Saft zum Kochen bringen und die angerührte Speisestärke einrühren. Kräftig umrühren, bis eine dicke Masse entstanden ist, in welche die Kirschen dann auf ausgeschalteter Herdplatte untergehoben werden. Die Masse abkühlen lassen. Es ist wichtig, dass die Füllung ganz ausgekühlt ist, bevor sie verwendet wird.
Für den Teig Quark, Honig, Butter, Meersalz und Zitronenschale gut verrühren und dann Mehl und Backpulver dazugeben. Alles gut durchkneten und den Teig auf einer sehr gut bemehlten Fläche vorsichtig zu einem großen Rechteck (ca. 30 x 40 cm) ausrollen. Der Teig darf nicht ankleben. Daher die Teigplatte immer wieder zur Seite schieben und erneut Mehl darunter verteilen. Den Backofen auf 180° C vorheizen und eine Springform mit Backpapier auskleiden. Die Füllung auf der Teigplatte verstreichen und von der Längsseite her aufrollen. Die Rolle in ca. 10–11 Schnecken schneiden und diese dicht an dicht in die Springform legen.
Für die Glasur Eigelb und Sahne verrühren und die Schnecken damit bestreichen. Bei 180° C ca. 45 Minuten auf der zweituntersten Schiene backen.
Abkühlen lassen und mit honiggesüßter Sahne servieren.

Schwarzwälder Kirschtorte

Die hier angegebene Menge reicht für eine große und eine kleine Springform aus, so kann man immer auch eine kleine Schwarzwälder Kirschtorte ohne Alkohol mitbacken. Es empfiehlt sich, die Tortenböden bereits am Vortag zu backen. Zum einen verteilt sich so die Arbeit, zum anderen lässt sich der Biskuitboden am folgenden Tag besser teilen.

Der Keksboden

70 g Honig
100 g Butter
1 Ei
300 g Dinkelvollkornmehl
2 Zitronen (die geriebene Schale)

Das Biskuitboden

6 Eier
180 g Honig
6 EL Wasser (kalt)
30 g Kakaopulver (ungesüßte)
180 g Dinkelvollkornmehl
3 gestrichene TL Backpulver

Die Füllung

475 g Kirschsaft
60 g Speisestärke
60 g Honig
1000 g Kirschen (entsteint)

Außerdem

70 g Kirschwasser
800 g Sahne (steif geschlagen)
250 g Bio-Vollmilchschokolade (fein geraspelt)
25 schöne Kirschen zum Verzieren

Für den Keksboden Honig und Butter cremig schlagen, dann den Rest unterrühren. Den Teig sofort auswellen und in zwei ausgefettete oder mit Backpapier ausgekleidete Springformen (18 und 26 cm) auslegen. Den Teig darin eine halbe Stunde ruhen lassen. Dann die Böden mehrmals mit einer Gabel einstechen.
Im auf 200° C vorgeheizten Ofen in auf untersten Schiene ca. 12–15 Minuten backen.
Für den Biskuitboden die Eier trennen und das Eiweiß zu steifem Schnee schlagen. Eigelb, Honig und Wasser cremig schlagen und dann den Kakao mit unterrühren. Den Eischnee auf die Eigelbmasse gleiten lassen und darauf Mehl und Backpulver geben. Das Ganze mit dem Schneebesen vorsichtig unterheben und zu einem glatten Teig verrühren. Den Teig in die ausgefetteten oder mit Backpapier ausge-

legten Springformen gießen und im vorgeheizten Ofen bei 180° C auf der untersten Schiene ca. 30 Minuten backen.

Die Biskuitböden rundherum in der Mitte mit einem scharfen Messer 1 cm tief einschneiden. In diese Kerbe einen langen stabilen Zwirnsfaden einlegen und diesen über Kreuz zuziehen. Den Faden entfernen und die halbierten Böden auseinandernehmen.

Für die Füllung vom Kirschsaft 100 g abnehmen und die Speisestärke drin glattrühren. Den restlichen Saft mit dem Honig zum Kochen bringen, von der Platte nehmen und die angerührte Speisestärke unterziehen. Alles unter Rühren nochmals aufkochen, von der Platte nehmen, die restlichen Kirschen unterziehen und erkalten lassen.

Die zwei Keksböden auf eine große und eine kleine Tortenplatte legen und auf den großen Boden mit einem Backpinsel ein Drittel des Kirschwassers träufeln. Auf die Keksböden Sahne aufstreichen und die Hälfte der Kirschfüllung darauf verteilen. Dann jeweils einen Kakaoboden auflegen und wiederum den großen davon mit Kirschwasser beträufeln. Erneut erst eine Schicht Sahne, dann den Rest der Kirschfüllung verteilen. Zum Abschluss den letzten Kakaoboden auflegen. Vorher auch diesen großen auf der geschnittenen Seite (hier ist der Boden aufnahmefähiger) mit dem restlichen Kirschwasser beträufeln.

Zum Bestreichen der Torten außen sollte jetzt ungefähr noch die Hälfte der Sahne übrig sein. Davon für die Verzierung eine Sahnespritze füllen und den Rest der Sahne auf die zwei Torten verteilen und möglichst glatt aufstreichen.

Mit Schokoladenstreuseln dicht bestreuen. Das gibt eine richtige «Schweinerei», ist aber leider nicht zu ändern. Sind die Torten dicht bestreut, werden oben die Sahnetupfen aufgespritzt und jeder dieser Tupfen mit einer Kirsche verziert. Die fertigen Torten kühl stellen.

Kirsch-Mandel-Biskuit

Besonders lecker schmeckt der Kirsch-Mandel-Biskuit, wenn er am Vortag gebacken wurde und schön durchgezogen ist.

6 Eigelb
150 g Honig
6 Eiweiß (steif geschlagen)
150 g Weizenvollkornmehl
2 gestrichene TL Backpulver
100 g Mandeln (gemahlen)
1 Zitrone (die geriebene Schale)
1 Prise Meersalz
600 g Kirschen (entsteint)

Eigelb und Honig cremig schlagen und den steifen Eischnee daraufgeben.
Darüber die restlichen Zutaten – bis auf die Kirschen – verteilen und vorsichtig mit dem Schneebesen unterheben.
Die Masse auf ein mit Backpapier ausgelegtes Backblech streichen und die Kirschen gleichmäßig darauf verteilen.
Im auf 200° C vorgeheizten Ofen wird der Kirschkuchen knapp 20 Minuten auf der zweituntersten Schiene gebacken.
Auskühlen lassen und am besten honiggesüßte Sahne dazu reichen.

Apfelsaft-Kuchen

Der Teig

250 g Weizenvollkornmehl
2 gestrichene TL Backpulver
1 Prise Meersalz
90 g Butter
90 g Honig
1 Ei

Der Belag

750 g Äpfel (geschnetzelt)
850 g Apfelsaft
70 g Speisestärke
1 gestrichener TL Zimt
100 g Honig

Zum Bestreichen

300 g Sahne
30 g Honig

Der Apfelsaft-Kuchen wird am Vortag gebacken und über Nacht kühl gestellt. Ein saftig, fruchtiger Genuss – wie gemacht für einen warmen Sommertag. Oder für einen windig, nassen Herbsttag … Oder einen eiskalten Winternachmittag – vorm warmen Ofen serviert …

Die Zutaten für den Teig verkneten und für 30 Minuten kühl stellen. Eine Springform mit Backpapier auslegen und, bei dunklen Backformen, mit einem gefetteten und bemehlten Backring (Edelstahl) versehen, damit der Teig nicht zu stark bräunt.
Die Äpfel mit 100 g Apfelsaft in ca. 10 Minuten weich dünsten und pürieren. Währenddessen den Teig unter etwas Mehlzugabe noch einmal kneten, kreisrund auswellen und in die Springform legen. Einen ca. 4–5 cm hohen Rand ziehen.
Von den verbliebenen 750 g Saft 150 g abnehmen und damit die Speisestärke und den Zimt klümpchenfrei anrühren. Den restlichen Saft mit dem Honig aufkochen und die Speisestärke einrühren.
Das Apfelpüree in den heißen Apfelsaftpudding rühren und auf den Teig geben. Im vorgeheizten Ofen bei 170° C auf der zweituntersten Schiene knapp 60 Minuten backen (die letzten 30 Minuten mit Alufolie abdecken). Nach dem Erkalten für einen Tag kühl stellen.
Vor dem Servieren mit der Honigsahne bestreichen.

Apfelkuchen

Dieser Apfelkuchen wird mit einem feinen cremigen Guss gebacken, der vorzüglich mit der fruchtigen Süße harmoniert.

Der Guss

500 g Milch
50 g Dinkelvollkornmehl
(sehr fein gemahlen)
1 gestrichener TL Vanille
50 g Honig
1 Prise Meersalz
1 Ei

Der Teig

180 g Dinkelvollkornmehl
(sehr fein gemahlen)
2 gestrichene TL Backpulver
90 g Butter
100 g Honig
1 Ei

Außerdem

500 g Apfelschnitze /-spalten
(ungeschält)

Für den Guss werden von der Milch 250 g abgenommen und das Mehl sowie das Vanillegewürz damit klümpchenfrei angerührt. Die restliche Milch mit Honig und Salz zum Kochen bringen und, wenn die Milch beginnt aufzusteigen, das Mehl einrühren. Noch kurz weiterrühren, bis die Flüssigkeit beginnt sämig zu werden und leicht eindickt. Dann den Topf von der Platte nehmen, etwas abkühlen lassen und das Ei unterziehen.

Die Zutaten für den Teig zusammenrühren und mithilfe eines feuchten Teigschabers in eine mit Backpapier ausgelegte Springform streichen.

Die Apfelschnitze ringsum über dem Teig einschichten.

Anschließend die Äpfel mit dem Guss gleichmäßig überziehen.

Gebacken wird der Apfelkuchen bei 180° C auf der zweituntersten Schiene ca. 55 Minuten.

Versunkener Apfelkuchen

Der Teig

200 g Butter
200 g Honig
3 Eier
200 g Weizenvollkornmehl
3 gestrichene TL Backpulver
2 Zitronen (die geriebene Schale)
1 Prise Meersalz

Außerdem

350 g Äpfel
(geschält, halbiert oder geviertelt)

In diesem Rezept wird reichlich Zitronenschale verwendet, sie verleiht dem versunkenen Apfelkuchen eine erfrischende Note. Besonders fein schmeckt er zu honiggesüßter Sahne.

Butter und Honig gut verrühren, danach die Eier zugeben und weiterschlagen.
Die restlichen Zutaten unterrühren und den Teig in eine mit Backpapier ausgelegte oder gebutterte Springform streichen.
Die Äpfel an der gewölbten Seite mehrmals einschneiden, gleichmäßig darauf verteilen und nur leicht eindrücken.
Im auf 180° C vorgeheizten Ofen auf der zweiten Schiene von unten ca. 40 Minuten backen.

Kerniger Apfelkuchen

Gehobelte Mandeln und grobe Haferflocken harmonieren ausgezeichnet mit säuerlichen Äpfeln. Mit seinem unregelmäßigen Teig, der ihn bedeckt, bietet der kernige Apfelkuchen außerdem auch einen hübschen Anblick.

Die Füllung

600 g Äpfel
(ungeschält, klein geschnetzelt)
1 Zitrone (Saft)
50 g Butter
100 g Mandeln (gehobelt)
50 g Honig
1 MSP Piment

Der Teig

130 g Butter
100 g Honig
3 Eier
1 Zitrone (die geriebene Schale)
150 g Haferflocken (grob)
100 g Weizenvollkornmehl
2 gestrichene TL Backpulver
1 gestrichener TL Zimt
1 Prise Meersalz

Die Äpfel zusammen mit dem Zitronensaft andünsten. Butter, Nüsse, Honig und Piment in die noch heiße Masse einrühren und auskühlen lassen.
Die Zutaten für den Teig zusammenrühren und mit einem nassen Teigschaber etwa zwei Drittel davon in eine mit Backpapier ausgekleidete Springform streichen.
Die Apfelmasse glatt darüberstreichen und mit dem Rest des Teiges ungleichmäßig abdecken, sodass hier und da noch Füllung zu sehen ist.
Im vorgeheizten Ofen wird der Kuchen auf der unteren Einschubleiste bei 180° C ca. 45–50 Minuten gebacken.

Frankfurter Kranz

Schmeckt gut, sieht gut aus – und wenn man den Teig am Vortag bäckt, was sich wegen des besseren Schneidens ohnehin empfiehlt, dann hält sich sogar der Arbeitsaufwand in Grenzen.

Der Teig

200 g Butter
300 g Honig
4 Eier
1 bis 2 Zitronen
(die geriebene Schale)
500 g Dinkelvollkornmehl
17 g Backpulver (1 Päckchen)
200 g Milch
1 Prise Meersalz

Zum Füllen

100 g dunkle Marmelade
(z.B. Holundermarmelade)

Die Buttercreme

300 g Milch
25 g Speisestärke
½ gestrichener TL Vanille
35 g Honig
300 g Butter

Der Krokant

30 g Butter
30 g Honig
200 g Mandeln (gehackt)

Den Ofen auf 180° C vorheizen. Für den Teig Butter und Honig cremig schlagen, danach die Eier zugeben und weiterschlagen. Die restlichen Zutaten unterrühren. Eine Savarinform mit Butter gut fetten und mit Mehl ausstäuben. Den Teig einfüllen, in die unterste Backleiste einschieben und den Kuchen ca. 50 Minuten backen. Danach in der Form leicht auskühlen lassen und den Kuchen stürzen. Am besten einen Tag gut verpackt aufbewahren.

Für die Buttercreme von der Milch 100 g abnehmen und die Speisestärke sowie die Vanille klümpchenfrei damit verrühren.
Die restliche Milch und den Honig zum Kochen bringen. Wenn die Milch aufsteigt, die Stärke einrühren und noch wenige Minuten auf der heißen Platte weiterrühren.

Danach den Pudding vollständig erkalten lassen. Die Butter (300 g) aus dem Kühlschrank nehmen, damit sie Zimmertemperatur annimmt.

Zwischenzeitlich den Krokant zubereiten, indem je 30 g Butter und Honig geschmolzen werden. Anschließend die Mandeln einrühren und bräunen lassen.
Den Krokant erkalten lassen und gegebenenfalls leicht zerstoßen.

Jetzt die Buttercreme fertigstellen. Es ist wichtig, dass sowohl die Butter als auch der Pudding die gleiche Temperatur (Zimmertemperatur) haben.
Die Butter schaumig schlagen und den Pudding langsam zugeben. Zuerst ganz wenig, später löffelweise unterschlagen. Den nächsten Löffel erst zugeben, wenn der vorige gut untergemischt ist.

Den Kuchenboden quer in fünf bis sieben Ringe schneiden, davon einen mit Marmelade, die restlichen mit Buttercreme besteichen. Nach und nach alle Ringe aufsetzen, außen herum mit der restlichen Buttercreme bestreichen und mit dem Krokant bestreuen.
Sofort kühl stellen.

Mandel-Butterkuchen

Der Teig

500 g Weizenvollkornmehl
42 g Hefe (1 Würfel)
250 g Milch
70 g Butter
70 g Honig (streichfest)

Der Belag

120 g Butter
100 g Honig (flüssig)
100 g Mandelblättchen

Luftiger Hefeteig, feine Butter und ein knusprig süßer Belag aus Honig und Mandeln machen diesen einfachen Blechkuchen zu etwas Besonderem. Gerade bei diesem Butterkuchen ist die Verwendung eines geschmacksneutralen Honigs äußerst wichtig.

Aus den angegebenen Zutaten einen Hefeteig herstellen und gründlich durchkneten, bis der Teig geschmeidig ist.

Den Teig zugedeckt an einem warmen Ort 30–60 Minuten gehen lassen. Danach auf einem mit Backpapier ausgelegten Backblech auswellen und dort eine weitere halbe Stunde gehen lassen. Den Ofen auf 200° C vorheizen.

Mit den Fingerspitzen kleine Vertiefungen in den Teig drücken und die Butter in kleine Stückchen geschnitten hineingeben.

Dann den Honig gleichmäßig über den Teig träufeln und das Blech für eine Minute in die Mitte des Ofens schieben, bis Butter und Honig geschmolzen sind.

Danach das Blech herausnehmen und den Kuchen mit den Mandelblättchen bestreuen.

Auf der mittleren Schiene nochmals ca. 15–20 Minuten backen.

Finnischer Nusskranz

270 g Butter
300 g Honig
5 Eier
270 g Haselnüsse (gemahlen)
500 g Dinkelvollkornmehl
25 g Backpulver (1 ½ Päckchen)
300 g Milch
½ gestrichener TL Meersalz

Ein herrlich nussiger Kuchen, der blitzschnell gemacht ist und der gut auch mehrere Tage aufbewahrt werden kann.

Butter und Honig schaumig rühren, dann die Eier zugeben und unterrühren. Anschließend alle restlichen Zutaten untermengen. Der Teig soll schwer reißend vom Löffel fallen.
Eine Savarinform buttern und mit gemahlenen Nüssen sowie mit Mehl ausstäuben. Wie bei allen Vollkornrührkuchen bleibt auch dieser beim Stürzen leicht in der Form hängen. Deshalb mit reichlich Butter ausfetten und auch nicht mit Mehl und Nüssen sparen.
Den Teig in die Form geben und im vorgeheizten Ofen bei 175° C auf der untersten Schiene ca. 1 Stunde backen.
Nach dem Backen mindestens 1 Stunde in der Form auskühlen lassen, bevor der Kuchen gestürzt wird.
Es empfiehlt sich, den Kuchen vorher mit einem Messer vom Rand der Form her zu lockern.

Mohnrolle

Die Mohnrolle ist in ihrer Zubereitung nicht ganz einfach. Die Füllung darf nicht zu fest sein, da der Teig sonst beim Bestreichen reißen könnte, und auch nicht zu feucht, weil er sonst beim Backen aufreißt. Behelfen kann man sich, indem die Füllung zwischen zwei Folien ausgewellt und auf die Teigplatte gelegt wird. Die Mühe lohnt sich aber, denn so eine Mohnrolle ist einfach mal etwas anderes und schmeckt vor allem auch ein, zwei Tage nach ihrer Herstellung noch ausgezeichnet

Der Teig
350 g Dinkelvollkornmehl
2 gestrichene TL Backpulver
1 Zitrone (die geriebene Schale)
120 g Butter
120 g Honig
1 Ei

Der Pudding
250 g Milch
20 g Speisestärke
1 MSP Zimt
40 g Honig

Die Füllung
150 g Mohn (gequetscht)
100 g Rosinen
100 g Mandelblättchen
100 g Honig
100 g Vollkorn-Semmelbrösel
1 Prise Meersalz

Den Mürbeteig herstellen und in Frischhaltefolie verpackt bei Zimmertemperatur ruhen lassen. Für die Füllung den Pudding kochen, indem man 100 g Milch abnimmt und die Speisestärke sowie den Zimt damit anrührt. Die übrige Milch mit dem Honig zum Kochen bringen, die Speisestärke eingießen und unter Rühren auf der Herdplatte lassen, bis der Pudding merklich dicker wird. In den heißen Pudding den Mohn einrühren und die übrigen Zutaten für die Füllung zugeben.
Den Teig auf einer bemehlten Arbeitsfläche kneten, bis er sich gut verarbeiten lässt. Dann vorsichtig zu einem etwa 30 x 45 cm großen Rechteck auswellen. Nicht zu dünn, da der Teig leicht reißt. Die noch warme Mohnfüllung zwischen zwei Lagen Frischhaltefolie in Teiggröße auswellen. Die oberste Folie abnehmen, auf den Teig stürzen und die zweite Folie entfernen. Von der Breitseite her aufrollen und die Enden verschließen. Auf ein mit Backpapier ausgelegtes Blech legen, anschließend im auf 160° C vorgeheizten Ofen, auf der untersten Schiene, ca. 1 Stunde backen. Ist die Temperatur erreicht, die Mohnrolle ca. 35 Minuten backen.

Nuss-Striezel

Der Teig

500 g Dinkelvollkornmehl
250 g Milch
42 g Hefe (1 Würfel)
75 g Butter
75 g Honig

Die Füllung

200 g Mandeln (gemahlen)
100 g Honig
1 Ei
20 g Kakaopulver (ungesüßt)
30 g Milch

Dieser Nuss-Striezel sieht raffiniert aus. Ofenfrisch, noch leicht warm schmeckt er am besten.

Aus den angegebenen Zutaten einen Hefeteig herstellen und eine Stunde gehen lassen.
Den Teig zu einem etwa 35 x 50 cm großen Rechteck auswellen, die Zutaten der Füllung miteinander verrühren und die Teigplatte gleichmäßig damit bestreichen.
Dann das Rechteck von der Längsseite her aufrollen.
Die Teigrolle der Länge nach halbieren und die zwei Teighälften mit den Streifen nach oben umeinanderschlingen.
Den Backofen auf 200° C vorheizen und während dieser Zeit den Nuss-Striezel auf einem mit Backpapier ausgelegten Backblech noch 10 Minuten gehen lassen. Bei 200° C auf der zweituntersten Einschubleiste ca. eine halbe Stunde backen.

Krümeltorte

Der Teig

100 g Weizenvollkornmehl
120 g Mandeln (gemahlen)
20 g Kakaopulver (ungesüßt)
3 gestrichene TL Backpulver
30 g Speisestärke
200 g Butter
200 g Honig
5 Eigelb
5 Eiweiß (steif geschlagen)

Die Füllung

400 g Sahne
50 g Honig
3 Bananen
die Krümel des ausgehöhlten Kuchens

Die Krümeltorte ist schnell gemacht, zumal der Boden bereits am Vortag gebacken werden kann und die Zubereitung der Füllung nur noch wenige Minuten dauert.

Die Teigzutaten miteinander verrühren, dabei das steif geschlagene Eiweiß zuletzt untermengen. Dann den Teig in eine mit Backpapier ausgelegte Springform streichen und im vorgeheizten Ofen bei 175° C ca. 45 Minuten auf der zweituntersten Schiene backen.

Wenn der Kuchen vollständig ausgekühlt ist (kann auch am Vortag gebacken werden), wird er so ausgehöhlt, dass ein ca. 2 cm dicker Rand stehen bleibt. Der Boden selbst sollte ein bis zwei Zentimeter stark sein. Die herausgelösten Bodenstücke zerkrümeln.

Für die Füllung die Sahne mit dem Honig steif schlagen und vorsichtig unter die Krümel ziehen. Die Bananen in Scheiben schneiden und den ausgehöhlten Boden damit belegen. Anschließend die Krümelsahne locker darauf verteilen.

Einige Stunden in den Kühlschrank stellen und durchziehen lassen.

Zwetschgenkuchen vom Blech

Der Herbst kommt und mit ihm die Zwetschgenzeit; da gehört Zwetschgenkuchen einfach dazu. Wenn Sie nicht ganz so viele Zwetschgen zur Hand haben, wie in diesem Rezept angegeben, können sie ihn problemlos auch weniger dicht belegen. Gut schmeckt er trotzdem.
Auch einen leckeren Apfelkuchen können Sie mit diesem Teig herstellen.

Der Teig

450 g Weizenvollkornmehl
100 g Hirsemehl
1 gestrichener TL Zimt
1 MSP Meersalz
150 g Honig
60 g Butter
250 g Milch
42 g Hefe (1 Würfel)
1 Zitrone (die geriebene Schale)

Der Belag

25 g Vollkorn-Semmelbrösel
1750 g Zwetschgen (entsteint)
100 g Mandelblättchen

Aus den angegebenen Zutaten einen Hefeteig zubereiten, gut durchkneten und 1 bis 2 Stunden zugedeckt an einem warmen Ort ruhen lassen.
Den Teig auf einem mit Backpapier ausgelegten Backblech ausrollen.
Dazu empfiehlt es sich, die Teigoberfläche mit Mehl zu bestreuen.
Danach die Vollkorn-Semmelbrösel aufstreuen und die Zwetschgen gleichmäßig darüber verteilen.
Abschließend mit den Mandelblättchen bestreuen und im vorgeheizten Ofen bei 200° C auf der mittleren Einschubleiste ca. 30–35 Minuten backen.

BERTRAND

Rhabarberkuchen vom Blech

Ein Kuchen aus der Kindheit, mit Eischnee, Teiggitter und allem Drum und Dran.

Der Teig

600 g Dinkelvollkornmehl
200 g Butter
3 Eier
130 g Honig (streichfest)
1 Prise Meersalz

Der Belag

6 Eier (getrennt)
200 g Honig
1000 g Rhabarber (gewürfelt)

Außerdem

200 g Sahne
20 g Honig

Aus den angegebenen Zutaten einen Mürbeteig herstellen. Zwei Drittel des Teiges auf einer gut bemehlten Arbeitsfläche auswellen. Ein tiefes Backblech mit Backpapier auslegen und mit dem Teig auskleiden, dabei einen kleinen Rand hochziehen.

Für den Belag das Eigelb zusammen mit dem Honig zu einer cremigen Masse schlagen. Diese mit den Rhabarberwürfeln mischen und die Rhabarbermasse auf dem Boden verteilen. Dann das Eiweiß zu steifem Schnee schlagen und gleichmäßig darüber verteilen.

Den restlichen Teig jetzt ebenfalls auswellen und mit dem Teigrädchen in lange und ca. 2 cm breite Streifen schneiden, die dann im Gittermuster über den Kuchen gelegt werden.

Den Ofen auf 180° C vorheizen. Den Rhabarberkuchen auf der zweiten Einschubleiste von unten ca. 45 Minuten backen.

Wird das Teiggitter oben zu dunkel, dann rechtzeitig mit einem Stück Alufolie abdecken.

Mit Honig-Schlagsahne servieren. Hierfür die Sahne zusammen mit dem Honig steif schlagen.

Donauwelle

Der Teig
250 g Butter
250 g Honig
4 Eier
400 g Weizenvollkornmehl
50 g Milch
2 EL Apfelessig
17 g Backpulver (1 Päckchen)
20 g Kakaopulver (ungesüßt)
40 g Milch
350 g Kirschen (entsteint)

Die Buttercreme
250 g Milch
30 g Honig
25 g Speisestärke
knapp ½ gestrichener TL Vanille
250 g Butter (zimmerwarm)

Die Glasur
400 g Bio Vollmilch-Kuvertüre

Heller Teig, Schokoladenteig, fruchtige Kirschen und eine feine Buttercreme – eine Donauwelle lässt kaum einen Wunsch offen. Bereiten Sie diesen Kuchen am Vortag zu, sodass er gut durchziehen kann.

Für den Teig alle Zutaten (außer Kakao, 40 g Milch und Kirschen) verrühren. Die Hälfte des Teigs auf ein mit Backpapier ausgelegtes Blech streichen, in den verbliebenen Teig Kakao und 40 g Milch unterrühren. Den dunklen Teig über den hellen streichen, die Kirschen darauf verteilen und im vorgeheizten Ofen bei 180° C ca. 25 Minuten auf der zweituntersten Schiene backen. Völlig erkalten lassen.

Für die Buttercreme zwei Drittel der Milch mit dem Honig zum Kochen bringen und mit der restlichen Milch die Speisestärke sowie das Vanillegewürz klümpchenfrei verrühren. Wenn die Milch aufschäumt, die angerührte Stärke unterziehen, einige Minuten auf ausgeschalteter Platte umrühren und auf Zimmertemperatur abkühlen lassen. Butter schaumig schlagen und den Pudding langsam unter ständigem Rühren zugeben, anfangs wenig, später löffelweise. Die fertige Buttercreme auf den Kuchen streichen und eine Stunde kalt stellen.

Für die Glasur die Kuvertüre zubereiten und den Kuchen damit überziehen. Die fertige Donauwelle kühl aufbewahren.

Rüblikuchen

Der Teig

150 g Butter
200 g Honig
200 g Weizenvollkornmehl
3–4 gestrichene TL Backpulver
200 g Haselnüsse (gemahlen)
300 g Karotten (fein geraspelt)
1 Zitrone (die geriebene Schale)
½ gestrichener TL Zimt
1 Prise Meersalz
1 MSP Muskatblüte

Butter und Mehl für die Form

Die Honigsahne

400 g Sahne
30 g Honig

Zum Bestreuen

Haselnüsse (gemahlen)

Zum Verzieren

Haselnusskerne

Bei diesem feuchten Kuchen harmonieren gesunde Karotten ganz wunderbar mit Haselnüssen. Damit dieser feine Geschmack sich voll entfalten kann, lässt man den Boden gut verpackt einen Tag durchziehen.

Für den Teig alle Zutaten miteinander verrühren und in eine gefettete und mit Mehl ausgestäubte Springform füllen.
Im vorgeheizten Ofen bei 180° C auf der zweituntersten Schiene knapp 40 Minuten backen. Den Kuchen auskühlen und gut verpackt einen Tag durchziehen lassen.
Sahne und Honig zusammen steif schlagen, ca. ein Viertel davon in eine Garnierspritze füllen und mit der verbliebenen Sahne den Kuchen überziehen.
Mit den gemahlenen Haselnüsse bestreuen und Sahnetupfen aufspritzen.
Jeden der Sahnetupfen mit einer Haselnuss verzieren.

Baumstamm

Die Buttercreme

375 g Milch
30 g Speisestärke
35 g Kakaopulver (ungesüßt)
(ca. 4 gestrichene EL)
100 g Honig
300 g Butter
6 EL Wasser (kochend)

Der Teig

4 Eigelb
4 Eiweiß (steif geschlagen)
100 g Honig
1 Prise Meersalz
4 EL Wasser
170 g Weizenvollkornmehl
2 gestrichene TL Backpulver

Feiner Biskuitteig umhüllt von Schokoladenbuttercreme. Diese gelingt ganz leicht, wenn Sie darauf achten, dass Pudding und Butter die gleiche Temperatur aufweisen, wenn sie zur Creme verarbeitet werden. Bei der Garnierung können Sie sich dann so richtig austoben.

Die Butter aus dem Kühlschrank nehmen. Von der Milch 100 g abnehmen und damit die Speisestärke und den Kakao (15 g) klümpchenfrei verrühren. Die restliche Milch und den Honig zum Kochen bringen. Wenn sie aufsteigt, die Stärke einrühren und noch kurz auf der abgeschalteten Platte weiterrühren.
Zum Abkühlen den Pudding in eine kalte Schüssel umfüllen.
Für den Biskuitteig Eigelb, Honig, Meersalz und Wasser cremig schlagen, das steif geschlagene Eiweiß daraufgeben und dann Mehl und Backpulver zugeben.
Alles vorsichtig unterheben und auf einem mit Backpapier ausgelegten Backblech verstreichen. Im vorgeheizten Ofen bei 180° C auf der zweituntersten Schiene ca. 12 Minuten backen (nicht zu lange, da der Teig sonst beim Aufrollen reißt).
In der Zwischenzeit die Buttercreme zubereiten. Pudding und Butter müssen nun Zimmertemperatur erreicht haben. Die Butter schaumig schlagen, dann zuerst wenig, später löffelweise den Pudding zugeben und kräftig unterrühren.
Den nächsten Löffel immer erst zugeben, wenn der vorige gut untergemischt ist. Anschließend die Buttercreme für einige Minuten kühl stellen.

Den Teig nach Ende der Backzeit aus dem Ofen nehmen, mit einem Geschirrtuch bedecken und mit einem Backbrett abdecken.
Jetzt kann das Ganze auf das Backbrett gestürzt werden. Das Backpapier abziehen (falls es festklebt, mit etwas kaltem Wasser bepinseln) und den Teig in noch heißem Zustand von der Breitseite her in das Tuch hinein aufwickeln.
Wenn der Teig fast abgekühlt ist, zwei Drittel der Buttercreme aufstreichen, aufrollen und auf eine Tortenplatte heben. Die Biskuitrolle kühl stellen.
Den restlichen Kakao (20 g) in 6 EL kochendem Wasser klümpchenfrei auflösen und auskühlen lassen. Unter ständigem Rühren wird der Kakao nun ganz langsam unter die verbliebene Buttercreme gezogen.
Wiederum darauf achten, dass die Buttercreme und der aufgelöste Kakao etwa dieselbe Temperatur haben.
Abschließend die Biskuitrolle mit der dunklen Buttercreme bestreichen und mit einer Gabel ein Rillenmuster einziehen.
Vor dem Servieren einige Stunden kühl stellen.

Zitronenkuchen

Spritzig und frisch ist der Zitronenkuchen wie gemacht für heiße Sonnentage.

Der Teig

300 g Butter
270 g Honig
5 Eier
400 g Weizenvollkornmehl
17 g Backpulver (1 Päckchen)
2 Zitronen (die geriebene Schale)
100 g Milch

Der Guss

100 g Honig
35 g Zitronensaft
(Saft einer großen Zitrone)

Die Honigsahne

400 g Sahne
40 g Honig

Butter und Honig schaumig rühren, die Eier dazugeben und weiterrühren.
Die restlichen Zutaten zugeben, bis der Teig schwer reißend vom Löffel fällt.
Anschließend den Teig auf einem mit Backpapier ausgelegten Backblech glatt streichen. Im vorgeheizten Ofen wird der Zitronenkuchen bei 200° C auf der zweituntersten Schiene ca. 18 Minuten gebacken.
In der Zwischenzeit Honig und Zitronensaft verrühren und den Kuchen noch heiß damit bestreichen.
Abkühlen lassen, mit honiggesüßter Sahne (Sahne mit Honig steif schlagen) bestreichen und in kleine Stücke schneiden.

Orangenkuchen

Der Teig

80 g Butter
100 g Honig
3 Eier
200 g Weizenvollkornmehl
2 gestrichene TL Backpulver
2 Orangen (die geriebene Schale)

Zum Bestreichen

200 g Orangensaft
300 g Sahne
30 g Honig

Dies ist einer der am schnellsten zubereiteten Kuchen, die ich kenne. Wie der Zitronenkuchen ist er eine erfrischende Köstlichkeit an heißen Tagen.

Die Zutaten für den Teig miteinander verrühren und eine gefettete oder mit Backpapier ausgekleidete Springform damit füllen.
Im vorgeheizten Ofen bei 180° C auf der zweituntersten Schiene ca. 25 Minuten backen.
Den Kuchen in der Springform noch heiß mit dem Orangensaft tränken, bis alle Flüssigkeit aufgesogen wurde.
Die Sahne mit dem Honig steif schlagen und den ausgekühlten Kuchen ringsum damit bestreichen.

Bananen-Schokoladen-Biskuitrolle

Bananen und Schokolade sind wie für einander geschaffen – ein leichter Biskuit und duftige Sahne machen den Genuss vollkommen.

Der Teig

4 Eier (getrennt)
4 EL Wasser
100 g Honig
170 g Weizenvollkornmehl
2 gestrichene TL Backpulver

Die Füllung

300 g Sahne
100 g Honig (fest)
20 g Kakaopulver (ungesüßt)
300 g Bananen (zerdrückt)

Zum Bestreuen

20 g Bitterschokolade (geraspelt)

Für den Biskuitboden wird das Eiweiß steif geschlagen, dann das Eigelb zusammen mit Wasser und Honig cremig schlagen. Auf diese Creme den Eischnee gleiten lassen, Mehl und Backpulver darüber verteilen und vorsichtig mit dem Schneebesen unterheben. Die Biskuitmasse auf ein mit Backpapier ausgelegtes Backblech streichen und im auf 180° C vorgeheizten Backofen auf der zweituntersten Schiene ca. 12 Minuten backen. Wird der Teig länger gebacken, reißt er beim Aufrollen leicht ein. Den fertigen Boden mit einem Geschirrtuch bedecken, darauf ein Backbrett legen, umdrehen und auf das Backbrett stürzen. Das Backblech entfernen und das Backpapier abziehen. Bleibt der Teig daran kleben, das Backpapier vor dem Abziehen mit kaltem Wasser befeuchten. Dann den noch heißen Teig von der Breitseite her schnell in das Geschirrtuch hinein aufrollen.
Für die Füllung die Sahne steif schlagen und zwei Drittel davon zum Bestreichen der Rolle beiseitestellen. Die restliche Sahne mit dem Honig und dem Kakao gut verrühren, die Bananen dabei zuletzt vorsichtig unterziehen. Anschließend den abgekühlten Boden ausrollen und mit der Füllung bestreichen. Wieder aufrollen, vorsichtig auf eine längliche Kuchenplatte heben, mit Sahne bestreichen und mit Schokolade bestreuen. Sofort kühl stellen.

Bananentorte

Eine Bananentorte ist herrlich erfrischend und wird am besten leicht gekühlt an heißen Sommertagen serviert. Wie bei allen Biskuittorten kann der Boden natürlich auch hier schon am Vortag hergestellt werden.

Der Teig

4 Eier (ungetrennt)
4 EL Wasser
150 g Honig
250 g Weizenvollkornmehl
3 gestrichene TL Backpulver

Fett und Mehl für die Form

Die Füllung

200 g Sahne
120 g Honig
250 g Magerquark
1 Zitrone (die geriebene Schale)
4–5 Bananen (der Länge nach halbiert)

Zum Bestreichen

200 g Sahne
20 g Honig

Eier, Wasser und Honig zu einer steifen Creme schlagen. Dann das Mehl samt Backpulver unterziehen.
Den Biskuitteig in eine gefettete und mit Mehl ausgestäubte Springform geben und im vorgeheizten Ofen bei 175° C ca. 25 Minuten auf der untersten Einschubleiste backen. Den Boden auskühlen lassen und einmal durchschneiden.
Für die Füllung die Sahne mit dem Honig steif schlagen und Quark sowie die Zitronenschale unterziehen.
Die Hälfte der Füllung auf den Boden streichen, dann dicht an dicht mit Bananen belegen und die restliche Füllung darüber verteilen.
Die zweite Hälfte des Tortenbodens oben auflegen, die Sahne mit dem Honig steif schlagen und gleichmäßig darauf verstreichen.

Birnenkuchen

Der Teig

350 g Dinkelvollkornmehl
180 g Honig
160 g Butter
17 g Backpulver (1 Päckchen)
1 Prise Meersalz
2 gestrichene TL Zimt
je 2 MSP Anis, Muskatblüte und Nelke
3 Eier
350 g Birnen
(in kleine Würfel geschnitten)

Die Füllung

200 g Sahne
100 g Honig
200 g Magerquark

Zum Bestreichen

300 g Sahne
30 g Honig

Dieser Kuchen ist ideal, um ihn ein bis zwei Tage vorher zuzubereiten. Diese Zeit braucht er auch, um gut durchziehen zu können.
Das Füllen an sich macht dann fast keine Arbeit mehr.
Dies ist ein herbstlich-weihnachtlicher Kuchen, der uns die kältere Jahreszeit einläuten und versüßen kann.

Alle Zutaten für den Teig miteinander verrühren, die Birnenstücke zuletzt unterheben und den Teig in eine mit Backpapier ausgekleidete Springform geben.
Im vorgeheizten Ofen bei 175° C auf der untersten Einschubleiste ca. 40 Minuten backen.
Den ausgekühlten Boden gut verpackt einen oder zwei Tage durchziehen lassen.
Zur Fertigstellung den Boden einmal durchschneiden.
Für die Füllung die Sahne mit dem Honig steif schlagen, den Quark unterrühren und die Masse auf den Boden streichen.
Abschließend die zweite Hälfte des Tortenbodens auflegen und mit der Honigsahne (Sahne mit dem Honig steif schlagen) bestreichen.

Schokoladenkuchen

Der Teig

200 g Butter
250 g Honig
5 Eigelb
200 g Weizenvollkornmehl
200 g Haselnüsse (gemahlen)
40 g Kakaopulver (ungesüßt)
17 g Backpulver (1 Päckchen)
1 gestrichener TL Zimt
1 MSP Nelken (gemahlen)
5 Eiweiß (steif geschlagen)

Der Überzug

150 g Marmelade (aus roten Früchten)
150 g Bio Zartbitter-Kuvertüre

Den Schokoladenkuchen am besten freitagnachmittags für den Sonntagskaffee backen, denn schön durchgezogen schmeckt er noch besser.
Achten Sie bei der Marmelade darauf, dass sie keine größeren Fruchtstücke enthält, da sie sonst nicht gut haftet und nur schwer mit Schokolade überzogen werden kann.

Für den Teig Butter und Honig cremig schlagen, danach das Eigelb zugeben und weiterschlagen.
Alle restlichen Zutaten bis auf das Eiweiß unterrühren. Dieses zuletzt vorsichtig untermengen und den Teig in eine ausgefettete und mit Mehl ausgekleidete Springform füllen.
Im vorgeheizten Ofen wird der Kuchen bei 175° C auf der untersten Schiene ca. 45 Minuten gebacken.
Den Kuchen aus der Form lösen und noch heiß mit Marmelade rundherum bestreichen. Die Kuvertüre zubereiten und den Kuchen nach dem Erkalten damit überziehen.
Den fertigen Schokoladenkuchen kühl stellen.

Marmorkuchen

... der Klassiker unter den Rührkuchen – hier eher etwas feuchter gehalten, schmeckt er saftig und lecker. Ausgekühlt sollte der Marmorkuchen gut verpackt noch einen Tag stehen. Ideal also, um ihn am Samstag für den Sonntag zu backen.

200 g Butter
300 g Honig
4 Eier
1 Zitrone (die geriebene Schale)
1 Prise Meersalz
400 g Dinkelvollkornmehl (sehr fein gemahlenes)
17 g Backpulver (1 Päckchen)
200 g Milch
30 g Kakaopulver (ungesüßt)
30 g Milch

Fett und Mehl für die Form

Butter und Honig schaumig schlagen, dann die Eier unterrühren. Bis auf den Kakao und die 30 g Milch alle weiteren Zutaten einrühren.
Knapp zwei Drittel des Teiges in eine gut gefettete und mit Mehl bestäubte Gugelhupfform füllen.
Den verbliebenen Teig mit dem Kakao und den 30 g Milch verrühren.
Den dunklen Teig auf den hellen geben und mit der Gabel Muster ziehen.
Im vorgeheizten Ofen bei 180° C auf der untersten Einschubleiste wird der Marmorkuchen ca. 1 Stunde gebacken.
Danach in der Form vollständig auskühlen lassen, mit dem Messer die Ränder lockern und dann erst stürzen.

Käsekuchen

Genauso wichtig wie eine gute Füllung (die Verwendung von Sahnequark ist hier ein Muss!) ist ein leckerer Mürbeteig für das Gelingen des Käsekuchens. In der Vollkornbäckerei ist gerade dies ein schwieriges Unterfangen, da Vollkornteig verhältnismäßig schnell bräunt und dann bitter schmeckt. Darum finden Sie in diesem Rezept einen kleinen Trick, wie Ihnen trotz langer Backzeit ein heller, feiner Teig gelingt.

Der Teig

250 g Dinkelvollkornmehl
80 g Butter
80 g Honig (streichfest)
1 Prise Meersalz
1 Ei

Fett und Mehl für die Form

Die Füllung

3 Eigelb
150 g Honig
1000 g Sahnequark (40 % Fett i. Tr.)
30 g Dinkelvollkornmehl
100 g Rosinen
2 bis 3 Zitronen
(die geriebene Schale, ca.15 g)
3 Eiweiß (steif geschlagen)

Die Zutaten für den Teig zusammenkneten und in Frischhaltefolie verpackt 15 Minuten kühl stellen. Dann eine Springform ausbuttern und mit Mehl bestäuben.
Den Teig auf einer gut bemehlten Arbeitsfläche kneten, anschließend etwas größer als die Springform auswellen und diese damit auslegen. Dabei einen ca. 3–4 cm hohen Rand ziehen.
Wer in dunklen Formen backt, sollte die Springform innen mit einem Backring aus Edelstahl versehen und bei Backzeiten von über einer Stunde die Form im Ofen zusätzlich auf einen Kreis aus Alufolie stellen, so bleibt der Teig schön hell.
Für die Füllung Eigelb und Honig cremig schlagen, die restlichen Zutaten unterrühren und zuletzt das steif geschlagene Eiweiß unterheben.
Dann die Füllung auf den Teigboden geben, glatt streichen und im auf 170° C vorgeheizten Ofen ca. 75 Minuten auf der untersten Schiene backen.
Die Springform erst öffnen, nachdem der Kuchen ausgekühlt ist. Wenn nötig die Ränder zuvor mit einem scharfen Messer lockern.

Erdbeertorte

Dies ist ein typisches Rezept, das mit wenig Aufwand große Wirkung erzielt. Sowohl Teig als auch Füllung sind im Nu zubereitet. Die Erdbeertorte schmeckt locker und leicht und sieht raffiniert aus. Da uns die Erdbeeren jedoch nicht sehr lange zur Verfügung stehen, lässt sich diese Torte zu jeder anderen Jahreszeit auch ganz ausgezeichnet mit in Scheiben geschnittenen Bananen herstellen.

Der Brandteig

250 g Wasser
1 Prise Meersalz
50 g Butter
150 g Weizenvollkornmehl
150 g Eier
1 gestrichener TL Backpulver

Die Füllung

150 g Sahne
75 g Honig (streichfest)
375 g Magerquark
375 g Erdbeeren (in Scheiben geschnitten)

Zur Dekoration

250 g Erdbeeren

Für den Teig das Wasser zusammen mit dem Salz und der Butter aufkochen. Das Mehl auf einmal hinzufügen. So lange rühren, bis die Masse einen Kloß bildet und sich gut (bis auf eine dünne Schicht) vom Topfboden löst.

Auf der ausgeschalteten Platte den Kloß noch eine Minute lang weiterrühren. Dann den Topf von der Platte nehmen, den Teig in eine Rührschüssel geben und leicht abkühlen lassen. Unter Rühren (am besten in der Küchenmaschine oder mit dem Handrührgerät) die abgewogenen Eier nach und nach gut in den Teig einarbeiten. Ganz zuletzt das Backpulver über den Teig stäuben und gut unterrühren. Den Backofen auf 200° C vorheizen. Ein Backblech mit Backpapier auslegen und in die Mitte ein Glas mit ca. 9 cm Durchmesser stellen (z.B. ein Essiggurkenglas). Um dieses Glas herum in gleichmäßigem Abstand 8 Teighäufchen geben. Das Glas entfernen und den Brandteigring auf der zweituntersten Schiene ca. 35–40 Minuten backen. Die Ofentür dabei geschlossen halten. Nach dem Erkalten den Ring halbieren.

Für die Füllung die Sahne mit dem Honig steif schlagen, den Quark unterziehen und zuletzt die Erdbeeren vorsichtig unterheben. Die Füllung auf den Boden geben und die obere Hälfte des Brandteigringes aufsetzen. Die restlichen Erdbeeren ins Innere der Torte häufen und sofort servieren.

Erdbeerkuchen mit Sahne

Der Teig

4 Eier (getrennt)
100 g Honig
1 Prise Meersalz
150 g Weizenvollkornmehl
1 Zitrone (die geriebene Schale)

Der Belag

350 g Sahne
40 g Honig (streichfest)
500 g Erdbeeren (halbiert)

Mehl und Butter für die Form

Das Eiweiß zu steifem Schnee schlagen. Eigelb, Honig und Salz cremig schlagen. Auf die Eigelbcreme das steif geschlagene Eiweiß geben und darauf Mehl und die abgeriebene Zitronenschale. Alles vorsichtig unterheben und in eine gebutterte und mit Mehl ausgestäubte Springform füllen.
Im vorgeheizten Backofen bei 200° C ca. 15–20 Minuten auf der zweituntersten Schiene backen.
Die Sahne mit dem Honig steif schlagen.
Den ausgekühlten Boden dünn mit Sahne bestreichen und die halbierten Erdbeeren darauf verteilen.
Die restliche Sahne gleichmäßig über die Beeren streichen.

Viel zu kurz ist sie, die Erdbeerzeit. Oder wahrscheinlich auch nicht. Denn es wäre wohl nicht der gleiche Genuss, würde sie uns das ganze Jahr über begleiten.
Eines der besten Dinge jedenfalls, die man mit einer Erdbeere tun kann, ist, sie zwischen lockerem Biskuit und honigsüßer Sahne zu betten.

Roulade mit Himbeerfüllung

Der Biskuitteig

4 Eier
4 EL Wasser
100 g Honig
170 g Dinkelvollkornmehl
2 gestrichene TL Backpulver
1 Zitrone (die geriebene Schale)

Die Füllung

400 g Sahne
70 g Honig
400 g Himbeeren (tiefgefroren)
(bei frischen Beeren 300 g)

Diese Roulade gelingt vorzüglich mit tiefgefrorenen Himbeeren. Eine fruchtige Köstlichkeit an Tagen, in denen frische Beeren nicht zur Verfügung stehen.

Den Ofen auf 180° C vorheizen und die Himbeeren aus dem Gefrierschrank nehmen, damit sie ganz leicht antauen können. Dabei zum Verzieren 10 Himbeeren wieder kühl stellen.

Die Eier trennen und das Eiweiß zu sehr steifem Schnee schlagen. Eigelb, Wasser und Honig cremig schlagen.

Den Eischnee auf die Eigelbcreme gleiten lassen und das Mehl samt Backpulver und Zitronenschale darübergeben. Mit dem Schneebesen alles vorsichtig unterheben, bis ein glatter Biskuitteig entstanden ist.

Den Teig in ein mit Backpapier ausgekleidetes Blech geben, glatt streichen und sofort auf der zweiten Schiene von unten ca. 12 Minuten backen, denn Teig, der zu lange bäckt, reißt beim Aufrollen.

Nach Ende der Backzeit ein Geschirrtuch über dem Blech ausbreiten und mit einem großen Backbrett abdecken. Dann das Ganze wenden und den Biskuitboden so auf das Brett stürzen. Das Blech entfernen und das Backpapier abziehen (für den Fall, dass es festklebt, mit kaltem Wasser bestreichen).

Den Teig sofort in noch heißem Zustand in das darunterliegende Geschirrtuch von der Breitseite her aufrollen.

Für die Füllung die Sahne mit dem Honig steif schlagen und die leicht angetauten

Beeren mit nicht ganz der Hälfte der Honigsahne vermengen (das geht am besten in der Küchenmaschine).
Wird die Füllung mit frischen Beeren zubereitet, nur 300 g Beeren vorsichtig unter die Honigsahne heben.
Der Teig kann noch leicht warm, aber nicht mehr heiß sein, wenn er zum Füllen wieder ausgerollt wird.
Die Füllung wird gleichmäßig aufgestrichen und der Teig sofort wieder aufgerollt.
Die Rolle mit der Verschlussseite nach unten auf eine längliche Tortenplatte heben.
Rundherum mit der noch verbliebenen Honigsahne bestreichen und mit Himbeeren verzieren.

Johannisbeerkuchen

Der Teig

100 g Butter
80 g Honig
1 Prise Meersalz
180 g Weizenvollkornmehl
2 gestrichene TL Backpulver
1 Ei
3 Eigelb

Der Guss

3 Eiweiß
160 g Honig
120 g Haselnüsse (gemahlene)
1 gestrichener EL Speisestärke
600 g Johannisbeeren

Dieser Kuchen ist ein Genuss – sowohl für das Auge als auch für den Magen.
Er schmeckt mild säuerlich und wird am besten mit süßer Honigsahne gereicht.

Für den Teig Butter, Honig und Salz schaumig schlagen, die restlichen Zutaten zugeben und gut durchrühren.
Den Teig in eine gebutterte und mit Mehl ausgestäubte oder mit Backpapier ausgekleidete Springform streichen, dafür den Teigschaber eventuell leicht anfeuchten.
Für den Guss das Eiweiß zusammen mit dem Honig zu einer festen Creme schlagen, Nüsse und Speisestärke unterziehen und zuletzt die Johannisbeeren vorsichtig unterheben.
Den Guss auf dem Boden verteilen und im auf 180° C vorgeheizten Backofen auf der zweituntersten Einschubleiste ca. 60 Minuten backen.

Pfirsich-Frischkäse-Kuchen

Der Knetteig
200 g Dinkelvollkornmehl
2 gestrichene TL Backpulver
1 Prise Meersalz
1 Zitrone (die geriebene Schale)
70 g Butter
70 g Honig
1 Ei

Außerdem
50 g Mandeln (gehobelt)
250 g Pfirsichmarmelade

Die Füllung
3 Eigelb
150 g Honig
4 EL Zitronensaft
1 große Zitrone (die geriebene Schale)
400 g Doppelrahm-Frischkäse
200 g saure Sahne
15 g Johannisbrotkernmehl
(ca. 8 gestrichene TL)
1 gestrichener TL Backpulver
3 Eiweiß (steif geschlagen)

Diese feine Variante des Käsekuchens – fruchtig und leicht – wird am Vortag zubereitet und über Nacht kühl gestellt.

Für den Boden alle Zutaten zu einem weichen Teig verarbeiten. Diesen auf einer gut bemehlten Arbeitsfläche kneten, zu einem Kreis auswellen und den Boden in einer mit Backpapier ausgekleideten Springform damit auslegen. Ein gefetteter und mit Mehl ausgestäubter Backring aus Edelstahl im Inneren der Springform verhindert, dass Vollkornkuchen bei langen Backzeiten zu dunkel werden. Den Teig mit den gehobelten Mandeln bestreuen und die Pfirsichmarmelade gleichmäßig auf den Mandeln verteilen. Für die Füllung Eigelb und Honig cremig schlagen, den Zitronensaft zugeben und weiter schlagen. Bis auf den Eischnee alle Zutaten unterrühren (dabei das Johannisbrotkernmehl ganz langsam und unter ständigem Rühren einstreuen). Zuletzt den Eischnee unterheben. Die Füllung über die Pfirsichmarmelade geben und im vorgeheizten Ofen bei 160° C ca. 1 Stunde und 20 Minuten auf der untersten Einschubleiste backen. Die letzten 15 Minuten mit Alufolie abdecken. Den Kuchen in der Form auskühlen lassen und bis zum nächsten Tag kühl stellen.

Kuchen im Glas

Kuchen im Glas hält sich ungekühlt über mehrere Wochen. So ist immer Kuchen da, den man ganz schnell anbieten kann, ohne vorher backen zu müssen und ohne lange Auftauzeiten einzuplanen. Einfach 1-Liter-Einmachgläser besorgen und darauf achten, dass diese nach oben hin gerade verlaufen (z.B. Gurken-Einmachgläser) oder aber gleich die leicht konisch geformten Sturzgläser verwenden. Sonst kann es passieren, dass Sie Ihren Kuchen, statt ihn schön geformt aus dem Glas zu stürzen, auslöffeln müssen.

250 g Butter
250 g Honig
5 Eier
150 g Milch
100 g Mandeln (gehobelt)
350 g Dinkelvollkornmehl
(sehr fein gemahlen)
17 g Backpulver (1 Päckchen)
1 Prise Meersalz
1 Zitrone (die geriebene Schale)
100 g Rosinen

Butter und Vollkorn-Semmelbrösel
für die Gläser

Zuerst Butter und Honig schaumig rühren. Danach die Eier zugeben und gut weiterschlagen. Die restlichen Zutaten unterrühren und drei Einmachgläser sehr gut ausfetten und mit Semmelbrösel auskleiden.
Den Rührteig auf die Gläser verteilen und unverschlossen auf der untersten Schiene des vorgeheizten Ofens auf ein Blech stellen.
Bei 180° C werden die Kuchen ca. 55 Minuten gebacken.
Unbedingt die Probe mit einem Holzstäbchen machen, um sich zu vergewissern, dass der Kuchen vollständig durchgebacken ist. Bleibt feuchter Teig an dem Stäbchen hängen, die Gläser einfach noch einige Minuten im Ofen belassen.
Nachdem die Gläser aus dem Ofen geholt werden, diese noch heiß mit dem Schraubverschluss verschließen.
Diese Kuchen sind zwar nicht unbegrenzt, aber doch einige Wochen haltbar.
Nach dem Öffnen mit einem langen Messer den Rand lockern und den Kuchen vorsichtig aus dem Glas schütteln.
Sie können auch andere Kuchen im Glas backen, z.B. eine Art Marmorkuchen, bei dem Sie den hellen und dunklen Teig abwechselnd einschichten.

Käse-Sahne-Torte

Die Käse-Sahne-Torte wird am Vortag zubereitet und muss einen ganzen Tag kühl gestellt werden. Sie eignet sich also hervorragend, wenn ein Fest vorbereitet werden muss, denn am Festtag selbst bleibt ja doch immer genug anderes zu tun.

Der Knetteig

70 g Butter
40 g Honig
1 Eigelb
150 g Dinkelvollkornmehl
1 gestrichener TL Backpulver
½ Zitrone (die geriebene Schale)

Der Biskuitteig

4 Eigelb
100 g Honig
1 Prise Meersalz
4 Eiweiß (steif geschlagen)
150 g Dinkelvollkornmehl
1 gestrichener TL Backpulver

Die Füllung

750 g Magerquark
200 g Honig
½ Zitrone (die geriebene Schale)
2 TL Zitronensaft
15 g Johannisbrotkernmehl
(ca. 8 gestrichene TL)
280 g Sahne (steif geschlagen)

Zum Bestreuen

Mandeln (gehackt)

Für den Knetteig Butter und Honig cremig schlagen und die restlichen Zutaten unterrühren. Den Teig zu einer Kugel formen und in Frischhaltefolie verpackt eine Stunde kühlen.

In der Zwischenzeit für den Biskuitteig Eigelb, Honig und Meersalz cremig schlagen, das steif geschlagene Eiweiß zugeben und Mehl und Backpulver darüberstreuen. Alles vorsichtig unterheben und in eine gefettete, mit Mehl ausgestäubte Springform streichen.

Im vorgeheizten Ofen bei 200° C auf der untersten Schiene ca. 16 Minuten backen.

Den Knetteig auf einer bemehlten Arbeitsplatte nochmals durchkneten, zu einem größeren Kreis auswellen und den Boden einer gefetteten Springform damit auslegen.

Vor dem Backen mehrmals mit einer Gabel einstechen.
Im vorgeheizten Ofen bei 200° C auf der untersten Schiene knapp 15 Minuten backen.
Nach dem Auskühlen den Biskuitboden halbieren (mit dem Messer rundherum einschneiden, einen starken Zwirnfaden einlegen und über Kreuz zusammenziehen).
Eine Hälfte für die Käse-Sahne-Torte verwenden, die andere Hälfte für einen schnellen Obstkuchen einfrieren.
Beide Böden können natürlich auch schon einen Tag vorher gebacken werden.

Für die Füllung Quark, Honig, Zitronenschale und Zitronensaft miteinander verrühren. Das Johannisbrotkernmehl ganz langsam und unter ständigem Rühren unter die Quarkcreme ziehen. Zuletzt die Sahne unterheben.
Den Knetteigboden auf eine Tortenplatte legen und mit einem Tortenring umschließen.
Von der Füllung 250 g zur Seite stellen und die restliche Füllung auf dem Boden verstreichen. Mit einer Hälfte des Biskuitbodens abschließen.
Die restliche Füllung auf dem Deckel der Torte verstreichen, mit gehackten Mandeln bestreuen und die Torte für einen Tag kühl stellen.

Walnuss-Schokoladen-Striezel

Der Teig

500 g Dinkelvollkornmehl
70 g Butter
70 g Honig
250 g Milch
42 g Hefe (1 Würfel)
1 Prise Meersalz
1 Zitrone (die geriebene Schale)

Die Füllung

200 g Walnüsse (gemahlen)
160 g Honig
20 g Kakao
20 g Sahne
1 Prise Zimt
½ gestrichener TL Vanille
1 Ei

Zum Bestreichen

1 Eigelb
1 EL Sahne

Zum Bestreuen

Mandeln (gehackt)

Wunderbar locker ist der Walnuss-Schokoladen-Striezel. Ganz frisch gebacken kommt sein feiner nussig-schokoladiger Geschmack am besten zur Geltung.

Aus den angegebenen Zutaten einen Hefeteig herstellen und zugedeckt an einem warmen Ort 1 Stunde ruhen lassen.
Den Teig nochmals durchkneten und zu einem Quadrat mit ca. 40 cm Kantenlänge auswellen. Die Arbeitsfläche dabei bei Bedarf mit Mehl bestäuben.
Die Zutaten der Füllung miteinander verrühren und gleichmäßig auf der Teigplatte verstreichen. Dann den Teig von beiden Seiten zur Mitte hin aufrollen, bis die beiden Rollen zusammenstoßen.
Den Striezel auf ein mit Backpapier ausgelegtes Backblech legen, dann die Teigenden umschlagen und fest zusammendrücken, damit die Füllung nicht auslaufen kann. Anschließend jeden Teigstrang der Länge nach leicht einschneiden.
Mit einer Mischung aus Eigelb und Sahne bestreichen und mit den gehackten Mandeln bestreuen. Den Ofen auf 180° C vorheizen, in dieser Zeit den Striezel nochmals gehen lassen. Auf der zweituntersten Einschubleiste ca. 30 Minuten backen.

Osterbrot

Der Teig

600 g Dinkelvollkornmehl
250 g Milch (lauwarm)
100 g Rosinen
42 g Hefe (1 Würfel)
1 Zitrone (die geriebene Schale)
60 g Honig
100 g Butter
2 Eier
1 gestrichener TL Meersalz

Zum Bestreichen

1 Eigelb
1 TL Sahne

Zum Bestreuen

Mandelblättchen

Ostern ohne den traditionellen Hefezopf ist einfach kein Ostern. Dieser ist sehr einfach zuzubereiten und lässt sich auch wunderbar flechten.

Die Zutaten miteinander zu einem geschmeidigen Teig verkneten.
Der Teig ist anfangs sehr klebrig, nimmt durch das lange Kneten aber die Flüssigkeit auf. In der Schüssel zugedeckt eine Stunde an einem warmen Ort ruhen lassen.
Anschließend den Teig in drei gleich große Stücke teilen zu Strängen ausrollen und diese miteinander zu einem Zopf flechten. Die Arbeitsfläche dafür eventuell mit Mehl bestäuben.
Anschließend das Osterbrot auf ein mit Backpapier ausgelegtes Blech legen und den Ofen auf 200° C vorheizen.
Das Eigelb mit der Sahne verquirlen, das Osterbrot dünn mit einem Teil davon bestreichen und mit Mandelblättchen bestreuen.
Das Osterbrot in die zweitunterste Backleiste einschieben und den Ofen nach 10 Minuten auf 170° C zurückschalten. Danach ca. 25–30 Minuten fertig backen.

Bienenstich

Die Legende erzählt von dem geplanten Angriff der Einwohner von Linz am Rhein auf ihre Nachbarstadt Andernach im Jahre 1474. Der ihnen durch den Kaiser entzogene, den Andernachern jedoch zugesprochene Rheinzoll gab den Anlass. Zwei Bäckerlehrlinge jedoch, die des Morgens aus den Bienennestern der Stadtmauer Honig naschten, sahen die Angreifer und bewarfen diese mit den Nestern, auf dass die Linzer, von den Bienen gestochen, flüchten mussten – was fortan mit einem besonderen Kuchen gefeiert wurde: dem Bienenstich.

Die Füllung

400 g Milch
30 g Speisestärke
½ gestrichener TL Vanille
50 g Honig
200 g Sahne

Der Teig

250 g Dinkelvollkornmehl
80 g Milch (warm)
50 g Honig
20 g Hefe
25 g Butter (weich)
1 Ei
1 Zitrone (die geriebene Schale)
1 Prise Meersalz

Der Belag

60 g Butter
60 g Mandelblättchen
60 g Honig
10 g Milch (ca.1 ½ EL)

Für die Füllung einen Teil der Milch mit der Speisestärke und der Vanille glatt rühren die restliche Milch mit dem Honig aufkochen und die angerührte Stärke einrühren. Weiterkochen bis die Creme eindickt, danach abkühlen lassen.
Den Hefeteig herstellen und diesen mit einem Tuch bedeckt an einem warmen Ort 1 Stunde gehen lassen. Auf einer bemehlten Arbeitsfläche nochmals kneten, auswellen und in eine gefettete und mit Mehl ausgestäubte Springform geben. Nochmals 20 Minuten gehen lassen.
Für den Belag die Zutaten kurz aufkochen und wieder abkühlen lassen. Noch leicht warm auf den Teig streichen und den Kuchen im vorgeheizten Ofen bei 200° C ca. 15 Minuten auf der zweituntersten Schiene backen, danach erkalten lassen.
Die Sahne steif schlagen und unter die abgekühlte Füllung ziehen, bis eine cremige Masse entsteht. Den ausgekühlten Kuchen halbieren. Den Boden mit einem Backring umschließen, mit der Füllung bestreichen und den Deckel mit dem Belag aufsetzen. Über Nacht kühl stellen.

Quark-Christstollen

Ein feiner Quarkstollen ist nun wirklich ganz schnell gemacht. Er sollte ein bis zwei Tage vor Weihnachten gebacken werden, damit er gut verpackt noch etwas durchziehen kann.

Der Teig

500 g Dinkelvollkornmehl
500 g Magerquark
75 g Butter
150 g Honig
1 Prise Meersalz
1 Zitrone (die geriebene Schale)
75 g Rosinen
75 g Mandeln (klein gehackt)
75 g Zitronat
75 g Orangeat
1 gestrichener TL Vanille
17 g Backpulver (1 Päckchen)

Zum Bestreichen

20 g Butter (zerlassen)

Die Teigzutaten gründlich verkneten und zu einem länglichen, ca. 3 cm dicken, halbflachen Laib formen.
Diesen von der Längsseite her bis über die Hälfte eingeschlagen und so in Stollenform bringen.
Den Christstollen auf ein mit Backpapier ausgelegtes Backblech legen und in die unterste Schiene des auf 160° C vorgeheizten Backofens einschieben.
Die Backzeit beträgt hier ca. 60 Minuten (Stäbchenprobe).
Den heißen Christstollen nach dem Backen mit der zerlassenen Butter einstreichen.

Hutzelbrot

9 Eier
350 g Honig
2–3 Zitronen (die geriebene Schale)
375 g Dinkelvollkornmehl
300 g Mandeln (gehackt)
300 g Haselnüsse (gemahlen)
300 g Feigen (fein gewürfelt)
300 g Datteln (fein gewürfelt)
300 g Zwetschgen (getrocknet, fein gewürfelt)
300 g Birnenschnitze (getrocknet, fein gewürfelt)
30 g Lebkuchengewürz
3 Prisen Meersalz
17 g Backpulver (1 Päckchen)

Viele Früchte und wenig Mehl geben diesem Hutzelbrot ein ganz besonders feines Aroma. Und schön verpackt ist ein kleiner Hutzelbrotlaib ein beliebtes Mitbringsel in der vorweihnachtlichen Zeit.

Eier und Honig schaumig rühren und mit den restlichen Zutaten zu einem nassen, klebrigen Teig kneten.
Mit nassen Händen 12 kleine Brotlaibe formen und diese auf ein mit Backpapier ausgelegtes Backblech legen.
Im vorgeheizten Ofen bei 175° C auf der zweituntersten Schiene knapp 50 Minuten backen.

Flachswickel Gewürzkekse

Haferflocken-Lebkuchen Haferplätzchen

Haselnusslebkuchen

Ingwer-Schokoladen-Plätzchen

Knusperkugeln

Lebkuchen vom Blech

Mandellebkuchen

Spritzgebäck Sultansstäbchen

Vanillekipferl Zimtkringel

Plätzchen und Kaffeegebäck

Viele dieser kleinen Köstlichkeiten begleiten uns durch das ganze Jahr. So passen beispielsweise Flachswickel, Haferplätzchen oder Knusperkugeln – egal ob in der kalten oder warmen Jahreszeit – immer gut, wenn wir unseren Alltag mit einer kleinen Pause unterbrechen wollen.
Und schließlich die vorweihnachtliche Zeit: Die Bäume sind kahl geworden, die Tage werden immer kürzer und es wird so richtig klirrend kalt. Wer liebt es da nicht, an einem dieser Tage in ein Haus zu kommen, in dem es nach Plätzchen duftet.

BISCUIT

Knusperkugeln

Diese gesunde Knusperei ist gut geeignet für den kleinen Hunger zwischendurch – für unterwegs und für kleine Pausen.

250 g Weizenvollkornmehl
250 g Vollkornhaferflocken (fein)
200 g Mandeln (gehobelt)
100 g Kokosflocken
100 g Butter
200 g Honig
150 g Wasser

Die Zutaten miteinander verrühren, gut kneten und zu walnussgroßen Kugeln formen.
Diese anschließend auf zwei mit Backpapier ausgelegte Backbleche verteilen.
Im vorgeheizten Ofen bei 200° C auf der zweiten Schiene von unten ca. 20–25 Minuten nacheinander backen.
Die angegebene Menge ergibt etwa 60 Stück.

Gewürzkekse

Trotz ihrer weihnachtlichen Note sind diese Kekse auch zu jeder anderen Jahreszeit beliebt. Zu Tee oder Kaffee am Nachmittag oder aber wenn ein Eisbecher dekoriert werden soll.
Sie sind sehr schnell und leicht zubereitet und ersparen den Griff zu den Butterkeksen im Supermarktregal.

375 g Dinkelvollkornmehl (sehr fein gemahlen)
200 g Honig
150 g Mandeln (sehr fein gemahlen)
250 g Butter
2 Eier
1 MSP Nelken (gemahlen)
je drei gute MSP Kardamom,
Muskatblüte und Zimt (alles gemahlen)

Aus den Zutaten den Teig rühren und mit der Gebäckspritze Plätzchen auf ein mit Backpapier ausgelegtes Backblech spritzen.
Wählen Sie einen Einsatz mit möglichst großen Öffnungen.
Damit es mit der Gebäckspritze gut funktioniert, muss man darauf achten, dass die Mandeln wirklich sehr fein gemahlen sind. Grobe Stückchen verstopfen leicht den Einsatz und der Teig lässt sich nicht mehr durchdrücken.
Erfahrungsgemäß klappt das Aufspritzen der Plätzchen am besten, wenn der Teig zuvor einige Zeit stehen gelassen wurde. Er wird dann weicher und haftet besser am Papier.
Im vorgeheizten Ofen bei 175° C auf der zweituntersten Schiene ungefähr 15 Minuten hell backen, je nach Höhe und Größe der gewählten Plätzchenform.
Die angegebene Menge ergibt etwa 150 Stück.

Sultansstäbchen

Dieses Rezept erfordert einige Geduld, doch es lohnt sich, denn Sultansstäbchen schmecken köstlich. Am köstlichsten natürlich an ihrem Anfang und ihrem Ende, was die vielen übrig gebliebenen Mittelstücke unserer Jüngsten beweisen. Wann immer sie unbemerkt und ganz allein mit einem Plätzchenteller ist, gleicht dieser hinterher einem Schlachtfeld – jedes Sultansstäbchen ein Torso.

400 g Dinkelvollkornmehl
250 g Butter
70 g Honig
1 Prise Meersalz
ca. 200 g Rosinen
200 g Bio Vollmilch-Kuvertüre

Alle Zutaten – außer den Rosinen und der Kuvertüre – zu einem Teig verarbeiten und etwa 1 Stunde kühl stellen.
Auf einer gut bemehlten Arbeitsfläche einen geschmeidigen Teig kneten. Diesen ca. 3–4 mm dick auswellen, dabei die Teigplatte immer wieder vorsichtig zur Seite schieben, um Mehl darunter zu verteilen.
Danach den Teig in Quadrate mit ca. 7 x 7 cm schneiden.
Die Teigstückchen mit einem Messer von der Arbeitsfläche lösen, entlang einer Kante mit Rosinen belegen und aufrollen.
Damit die Stäbchen beim Backen nicht aufreißen, müssen die Rosinen mindestens zweimal mit Teig umwickelt sein. Risse, die beim Aufrollen entstehen, einfach wieder zudrücken, die Teigenden gut verschließen und die Stangen abschließend mit der Handfläche schön rund rollen.
Die Sultansstäbchen auf einem mit Backpapier ausgelegten Backblech verteilen und im vorgeheizten Ofen bei 175° C auf der untersten Einschubleiste maximal 20 Minuten backen.
Sie werden aus dem Ofen genommen, wenn sie noch ganz hell sind.
Die Kuvertüre zubereiten und das abgekühlte Gebäck jeweils an den Enden eintauchen. Die angegebene Menge ergibt etwa 35 Stück.

Spritzgebäck

Über die Vielfalt der auf einem Plätzchenteller angebotenen Sorten lässt sich streiten. Nicht aber über die Notwendigkeit von Spritzgebäck, denn ohne diesen herrlich nussigen Geschmack würde ganz bestimmt etwas fehlen.

400 g Dinkelvollkornmehl (sehr fein gemahlen)
125 g Haselnüsse (sehr fein gemahlen)
250 g Butter
250 g Honig
1 Ei
1 gestrichener TL Vanille

Alle Teigzutaten miteinander verrühren.
Achten Sie unbedingt darauf, die Nüsse so fein wie möglich zu mahlen, damit sie die Gebäckspritze nicht verstopfen.
Am besten funktioniert das Aufspritzen des Teiges, wenn er nicht so kühl und etwas weicher geworden ist, weil er dann wesentlich besser am Backpapier haftet. Lassen Sie ihn daher vor der Verarbeitung an einem warmen Ort einige Zeit stehen. Danach den Teig in eine Gebäckspritze füllen und auf drei mit Backpapier ausgelegte Backbleche kleine Plätzchen drücken.
Im vorgeheizten Ofen bei 175° C wird das Spritzgebäck auf der untersten Einschubleiste ca. 17 Minuten gebacken.
Die Teigmenge ergibt – je nach Größe der gewählten Spritzform – ca. 150 Stück.

Lebkuchen vom Blech

450 g Weizenvollkornmehl
17 g Backpulver (1 Päckchen)
250 g Honig
50 g Orangeat (fein gerieben)
50 g Zitronat (fein gerieben)
100 g Mandelblättchen
15 g Lebkuchengewürz (ca. 3 ½ gestrichene EL)
1 Zitrone (die geriebene Schale)
4 Eier

Aus den angegebenen Zutaten einen eher feuchten Teig herstellen und auf einer bemehlten Arbeitsfläche schnell zu einem größeren dicken Kreis auswellen.
Diesen auf ein mit Backpapier ausgelegtes Backblech legen und mit einem kleinen Teigroller bis in die Ecken gleichmäßig ausrollen. Dabei die Teigoberfläche eventuell noch einmal mit Mehl bestreuen, damit der Teig sich ohne anzukleben verarbeiten lässt. Im vorgeheizten Ofen bei 170° C ca. 15 Minuten auf der zweituntersten Schiene backen.
Nach Ende der Backzeit wird der «Riesenlebkuchen» noch heiß in rautenförmige Stücke geschnitten.
Die Teigmenge ergibt ungefähr 60 Stück.

Bei der Lebkuchenbäckerei entfalten sich köstliche Düfte, die uns die Arbeit in der Küche zum Vergnügen werden lassen.
Schnell zubereitet sind diese Lebkuchen auf dem Blech – sie gehören zu den eher trockeneren Lebkuchen und sind mit einem heißen Punsch in der vorweihnachtlichen Zeit herrlich zu genießen.
Zur Verarbeitung ist zu sagen, dass sich der Teig, hergestellt mit 500 g Mehl, absolut problemlos auswellen lässt, etwas lockerer werden die Lebkuchen jedoch, wenn Sie mit ein bisschen weniger Mehl auskommen.

Ingwer-Schokoladen-Plätzchen

120 g Butter
200 g Honig
4 Eier
250 g Dinkelvollkornmehl
7 g Ingwer (ca. 2 gehäufte TL, gemahlen)
4 gestrichene TL Backpulver
250 g Bio-Vollmilchschokolade
200 g Rosinen
200 g Bio Zartbitter-Kuvertüre

Schokolade innen wie außen – ganz und gar vollwertig sind Ingwer-Schokoladen-Plätzchen ja wohl nicht. Dafür lassen sie aber das Herz derer höher schlagen, die den Geschmack von Ingwer, verbunden mit Schokolade, lieben.

Die Zutaten werden alle (ausgenommen die Zartbitter-Kuvertüre) gut miteinander verrührt und die Masse auf ein mit Backpapier ausgelegtes Backblech gestrichen. In den auf 180° C vorgeheizten Ofen in die mittlere Einschubleiste geben und ca. 25 Minuten lang backen, bis das Ganze leicht zu bräunen beginnt.
Das Blech aus dem Ofen nehmen und abkühlen lassen.
Die Kuvertüre zubereiten, aufstreichen und auf dem Blech trocknen lassen.
Wenn der Schokoladenüberzug fest ist, das Ganze in kleinere Quadrate schneiden.

Flachswickel

Flachswickel sind ein nicht zu süßes, aber feines Gebäck – ein gutes Buch, eine duftende Tasse Tee und der Arbeitstag kann ausklingen.

Der Teig

550 g Weizenvollkornmehl
(sehr fein gemahlen)
42 g Hefe (1 Würfel)
250 g Butter
100 g Honig
1 Ei
1 Prise Meersalz
25 g Milch (ca. 3 EL)

Eventuell zum Bestreichen

1 Eigelb
2 EL Milch

Aus den Zutaten einen geschmeidigen Teig kneten und in 32 gleich große Stücke teilen. Diese zu Strängen (ca. 22 cm lang) formen, bei denen die Mitte etwas dicker als die beiden Enden ist.
Der Teig sollte von der Konsistenz her so sein, dass das Formen der Flachswickel sich auf einer unbemehlten Arbeitsfläche problemlos bewerkstelligen lässt.
Die Strangenden umeinanderschlingen und auf ein mit Backpapier ausgelegtes Backblech legen. Je nach Blechgröße kann es mit einem Backblech knapp werden. Sollten nicht alle Flachswickel auf ein Blech passen, so werden die restlichen auf einem zweiten Blech verteilt.
Wer es mag, kann die Flachswickel mit einer Mischung aus Eigelb und Milch bestreichen. Auf dem Blech lässt man sie noch 15 Minuten gehen.
Im vorgeheizten Ofen werden die Flachswickel bei 180° C ca. 20 Minuten auf der zweituntersten Schiene gebacken.
Wurden zwei Bleche verwendet, so werden sie nacheinander (also ohne Umluft) gebacken.

Haferplätzchen

Wie schon Hildegard von Bingen sagte: «Hafer fördert bei gesunden Menschen ein fröhliches Gemüt, eine reine und helle Aufgeschlossenheit, die Haut wird schön und das Fleisch kernig gesund.»

250 g Butter
500 g Vollkornhaferflocken (grob)
200 g Honig
1 Ei
70 g Weizenvollkornmehl
2 gestrichene TL Backpulver
1 gestrichener TL Vanille

Die Butter zerlassen, die Haferflocken zugeben, kurz anrösten und erkalten lassen. Honig und Ei gut verrühren und die Haferflocken zugeben. Zuletzt Mehl, Backpulver und Vanille untermischen und alles gut verrühren.
Drei Backbleche mit Backpapier auslegen, von der Masse kleine Häufchen abstechen, auf das Blech setzen und etwas andrücken.
Im vorgeheizten Ofen werden die Plätzchen nacheinander bei 180° C auf der zweituntersten Einschubleiste ungefähr 12 Minuten gebacken und sofort aus dem Ofen genommen, wenn sie eine leicht goldene Farbe angenommen haben.
Die angegebene Teigmenge ergibt etwa 60 Stück.

Zimtkringel

Was für alle Vollkornplätzchen gilt, gilt für Zimtkringel ganz besonders: im Zweifelsfall lieber zu hell backen als zu dunkel. Bräunen die Ränder, ist es oft schon zu spät und das Gebäck schmeckt bitter. Hell gebacken jedoch entfalten die Kringel ihren feinen Zimtgeschmack.

Der Teig

250 g Weizenvollkornmehl
10 g Backpulver (ca. 5 gestrichene TL)
½ gestrichener TL Vanille
1 gestrichener EL Zimt (ca. 5 g)
100 g Butter
120 g Honig
1 Ei

Zum Bestreichen

1 Eigelb
2 EL Sahne

Zum Bestreuen

Mandeln (gehackt)

Alle Zutaten für den Teig miteinander verkneten und den Teig in Frischhaltefolie verpackt 15 Minuten kühlen. Anschließend auf einer gut bemehlten Arbeitsfläche den Teig ca. 4 mm dick auswellen und Ringe ausstechen.
Diese auf zwei mit Backpapier ausgelegte Backbleche verteilen, mit einer Mischung aus Eigelb und Sahne bestreichen und mit gehackten Mandeln bestreuen.
Im vorgeheizten Ofen die Zimtkringel bei 180° C auf der zweituntersten Schiene ca. 15 Minuten nacheinander backen und die Kringel aus dem Ofen nehmen, bevor die Ränder bräunen.
Die angegebene Menge ergibt ca. 50 Stück.

Haferflocken-Lebkuchen

Der Teig
350 g Dinkelvollkornmehl
150 g Vollkornhaferflocken (fein)
17 g Backpulver (1 Päckchen)
10 g Lebkuchengewürz
(ca. 2 ½ gestrichene EL)
250 g Butter
250 g Honig
2 Eier

Zur Verzierung
ca. 60–80 g Mandeln (ganz)

Ein willkommenes Gebäck zu einer Tasse Tee oder Kaffee am Nachmittag.

Die Mandeln mit kochendem Wasser übergießen und 10 Minuten bedeckt einweichen lassen. Dann die Schalen abziehen.
Die Zutaten für den Teig gut miteinander verrühren, zu walnussgroßen Kugeln formen und auf zwei mit Backpapier ausgelegte Backbleche verteilen.
Anschließend in jede der Kugeln eine Mandel eindrücken.
Im vorgeheizten Ofen werden die Haferflocken-Lebkuchen bei 180° C auf der zweituntersten Schiene knapp 20 Minuten gebacken.
Die angegebene Menge ergibt ca. 60 Stück.

Haselnuss- und Mandellebkuchen

Die Lebkuchen
3 Eier
250 g Honig
1 gestrichener TL Vanille
15 g Lebkuchengewürz
(ca. 3 ½ gestrichene EL)
100 g Orangeat (fein gerieben)
100 g Zitronat (fein gerieben)
60 g Dinkelvollkornmehl
250 g Mandeln (gemahlen), wenn es Mandellebkuchen sein sollen,
oder:
250 g Haselnüsse (gemahlen) für Haselnusslebkuchen
Vollkornoblaten

Die Verzierung
ganze Mandeln oder ganze Haselnüsse, je nach Lebkuchenart

Eventuell zum Bestreichen
200 g Bio Zartbitter-Kuvertüre

Diese Lebkuchen sind blitzschnell zubereitet und schmecken so lecker, dass sie einfach auf keinem Plätzchenteller fehlen dürfen.
Wie in allen anderen Rezepten auch, entfaltet das Zitronat und Orangeat seinen Geschmack am besten, wenn es sehr fein gerieben ist. Sie sollten es daher also entweder gleich am Stück kaufen, um es selbst zu raspeln, oder aber die handelsüblichen Würfel noch einmal zerkleinern.

Eier und Honig gut miteinander verrühren und die restlichen Zutaten unterheben. Die Masse nun auf die Oblaten häufen, je eine Haselnuss bzw. eine Mandel eindrücken und auf zwei mit Backpapier ausgelegte Backbleche verteilen.
Auf den Oblaten wird die Masse jetzt über Nacht bei Zimmertemperatur getrocknet.
Am nächsten Tag im vorgeheizten Backofen bei 175° C goldgelb backen. Auf der zweituntersten Einschubleiste dauert die Backzeit ca. 20 Minuten.
Pro Rezept ergibt die Teigmenge bei 50-mm-Oblaten ca. 40–45 Lebkuchen.
Natürlich können auch diese Lebkuchen mit Zartbitter-Kuvertüre bestrichen werden.
Dazu die Kuvertüre entsprechend zubereiten und dünn auf die Lebkuchen auftragen.

Vanillekipferl

Nicht nur zur Weihnachtszeit, sondern das ganze Jahr schmecken Vanillekipferl gut zu Kaffee oder Tee.

250 g Dinkelvollkornmehl (sehr fein gemahlen)
200 g Butter
100 g Mandeln (sehr fein gemahlen)
150 g Honig (streichfest)
5 g Vanille (ca. 1 gestrichener EL)
eventuell Vanille-Rohrzucker

Aus den angegebenen Zutaten einen Mürbeteig herstellen. Dieser soll von der Konsistenz her sehr weich sein. Im Kühlschrank muss er vor der weiteren Verarbeitung etwas härter werden, daher 2 bis 3 Stunden kühl stellen.
Den Teig in 32 gleich große Stücke teilen. Jedes Stückchen nochmals durchkneten und halbieren. Aus diesen Hälften je ein Vanillekipferl formen.
Die Kipferl auf zwei mit Backpapier ausgelegte Backbleche verteilen und im vorgeheizten Ofen bei 175° C nacheinander auf der untersten Schiene ca. 15 Minuten backen.
In noch heißem Zustand müssen die Kipferl sehr vorsichtig behandelt werden, da sie noch sehr zerbrechlich sind. Wer es mag, kann die Vanillekipferl jetzt, wenn sie noch ganz heiß sind, vorsichtig in Vanille-Rohrzucker wälzen.
Ich persönlich verzichte darauf, denn ohne schmecken sie auch ausgezeichnet.
Die angegebene Teigmenge ergibt ca. 64 Stück.

Camembert-Pastete Gemüsekuchen

Grünkern-Gemüse-Wähe

Käse-Wähe Lauchtorte

Paprikataschen Paprikatorte

Pizza-Schnecken Rauchpizza

Salzkuchen Spinatkuchen vom Blech

Warmes Brot mit Schafskäse und Zwiebeln

Zucchini-Paprikakuchen

Herzhaftes zum Schluss

Nach so viel köstlich Süßem kommen jetzt noch einige ausgewählte Rezepte für alle, die das Pikante schätzen. Hier können Sie so richtig experimentieren. Erweitern Sie diese Rezepte nach Lust und Laune mit Ihren Lieblingszutaten. Wandeln Sie sie ab und probieren Sie Neues aus. Nirgendwo in der vegetarischen Vollwertküche gelingt dies so gut wie bei herzhaften Kuchen, Torten und Pasteten. Knuspriger Teig, saftiges Gemüse und würziger Käse bilden die Grundlagen für dieses Kapitel.

Lauchtorte

Der Teig
200 g Dinkelvollkornmehl
100 g Butter
1 Ei
2 gestrichene TL Meersalz

Der Belag
30 g Butter
1000 g Lauch (in Streifen geschnitten)
2 Zwiebel (gewürfelt)
40 g Oliven (halbiert)

Der Guss
200 g saure Sahne
80 g Emmentaler (gerieben)
3 Eier
2 gestrichene TL Meersalz
1 gestrichener EL Kräuter der Provence
Pfeffer
Muskat

Ein rustikales Hauptgericht, wie es in meiner Kindheit an Silvesterabenden gereicht wurde.

Die Butter erhitzen, den Lauch zusammen mit den Zwiebeln 10–15 Minuten anbraten und anschließend mit den Oliven mischen.
Für den Teig alle Zutaten zusammenkneten, eine runde Auflaufform ausfetten und mit Mehl ausstreuen oder mit Backpapier auslegen.
Den Teig zu einem größeren Rund auswellen und die Form damit auskleiden.
Dabei einen ca. 4 cm hohen Rand formen.
Das Gemüse einfüllen, die Zutaten für den Guss miteinander verquirlen und gleichmäßig über dem Gemüse verteilen.
Im vorgeheizten Ofen bei 200° C wird die Lauchtorte auf der zweituntersten Einschubleiste ca. 35–40 Minuten gebacken und heiß serviert.

Paprikataschen

Paprikataschen schmecken warm oder kalt. Sollen sie eine Hauptmahlzeit sein, werden sie zusammen mit grünem Salat serviert.

Die Füllung

2 Zwiebel (ca. 150 g, gewürfelt)
3 große rote Paprika
(ca. 450 g, gewürfelt)
3 EL Knoblauch-Kräuter-Öl
oder Olivenöl
200 g Emmentaler (fein gerieben)
200 g saure Sahne
3 gestrichene TL Meersalz

Der Teig

300 g Weizenvollkornmehl
300 g Magerquark
250 g Butter
2 gestrichene TL Backpulver
1 gestrichener TL Meersalz

Zum Bestreichen

2 EL Sahne
1 Eigelb

Für die Füllung Zwiebeln und Paprika in Öl anbraten, bis die Zwiebeln eine goldgelbe Farbe angenommen haben. Vollständig abkühlen lassen und mit den restlichen Zutaten für die Füllung verrühren.
Die Zutaten für den Teig verkneten, kurz ruhen lassen und auf einer gut bemehlten Arbeitsfläche noch einmal kurz durchkneten.
Den Teig ca. 3 mm dünn auswellen und mit einem großen Glas (Durchmesser 8 cm) Kreise ausstechen. Auf die Hälfte der Kreise je einen Esslöffel Füllung geben, die verbliebenen Kreise als Deckel aufsetzen und an den Rändern gut festdrücken. Die Ränder nach unten umschlagen, damit sie nicht zu dunkel werden. Auch wenn es anfangs nicht danach aussieht, so lässt sich doch die ganze Füllung in den Taschen unterbringen. Die Füllung muss richtig auf die Böden aufgehäuft werden. Da der Teig recht geschmeidig ist, ist es kein Problem, den Deckel über die gut gefüllten Böden zu ziehen.
Den Ofen auf 200° C vorheizen, Sahne und Eigelb verquirlen und die Teigtaschen damit bestreichen. Die Paprikataschen mit Umluft ca. 20 Minuten backen. Die angegebene Menge ergibt ca. 25 Stück.

Rauchpizza

Eine saftige Pizza, die durch viel Knoblauch und geräucherten Käse ihren typisch würzigen Geschmack erhält.

Der Teig

500 g Weizenvollkornmehl
42 g Hefe (1 Würfel)
50 g Sesam
20 g Meersalz
250 g Wasser
50 g Olivenöl
3 Knoblauchzehen (gepresst)
1 gestrichener EL Kümmel

Der Belag

300 g Tomaten (passiert)
Meersalz
Oregano
300 g Zucchini (gewürfelt)
300 g Zwiebel (halbiert und in Streifen geschnitten)
400 g Tomaten (in Scheiben geschnitten)
400 g Frankendammer (Schnittkäse, geräuchert)

Für den Pizzateig alle Zutaten miteinander zu einem Hefeteig verarbeiten und eine Stunde lang zugedeckt an einem warmen Platz ruhen lassen.
Anschließend ein Backblech mit Backpapier auslegen und den Boden darauf auswellen.
Den Teig mit den passierten Tomaten bestreichen, dann mit Meersalz und Oregano bestreuen. Die Zucchini und die Zwiebeln darauf verteilen, danach die Tomatenscheiben auflegen.
Abschließend die Pizza mit den Käsescheiben belegen und im auf 200° C vorgeheizten Ofen auf der mittleren Einschubleiste ca. 30 Minuten backen.

Paprikatorte

Der Teig
250 g Weizenvollkornmehl
125 g Wasser
1 TL Honig
42 g Hefe (1 Würfel)
1 gestrichener TL Meersalz

Der Grünkern
125 g Grünkernschrot
250 g Wasser
1 gestrichener TL Meersalz
1 gestrichener TL Suppenwürze
1 Lorbeerblatt
½ gestrichener TL Paprika edelsüß
2 gestrichene TL Majoran

Die Füllung
30 g Butter
2 rote und grüne Paprikaschoten (gewürfelt)
2 Knoblauchzehen (gepresst)
1 Bund Petersilie (ca. 15 g, fein geschnitten)

Der Guss
200 g Sahne
2 Eier
100 g Emmentaler (gerieben)

Für dieses Rezept werden Paprika und Grünkern sehr stark angebraten, was der Paprikatorte ihren würzig-raffinierten Geschmack verleiht.
Das Gericht wird eigentlich warm serviert, doch Reste schmecken am nächsten Tag auch kalt sehr gut.

Eine Springform fetten und mit Mehl ausstäuben. Den Hefeteig zubereiten, auswellen und die Form damit auskleiden. Einen 3 cm hohen Rand stehen lassen. Den Teig zugedeckt in der Form gehen lassen. Grünkernschrot in Wasser mit Salz, Suppenwürze und Lorbeerblatt unter ständigem Rühren aufkochen und auf ausgeschalteter Platte 30 Minuten quellen lassen. Gelegentlich umrühren. Mit Paprika und Majoran würzen. Für die Füllung Paprika in Butter anbraten, nach 10 Minuten den Grünkern mitbraten. Dann den Knoblauch zugeben, ebenfalls kurz anbraten und zuletzt die Petersilie untermischen. Das leicht abgekühlte Gemüse auf den Teig geben. Für den Guss Sahne, Eier und Käse mischen und über dem Gemüse verteilen. Im vorgeheizten Ofen bei 200° C auf der zweituntersten Schiene ca. 30 Minuten backen.

Zucchini-Paprikakuchen

20 g Olivenöl
1 Zwiebel (gewürfelt)
300 g Zucchini (gewürfelt)
1 Knoblauchzehe (gepresst)
300 g rote Paprika (gewürfelt)
170 g Weizenvollkornmehl
17 g Backpulver (1 Päckchen)
200 g Emmentaler (gerieben)

200 g Schafskäse (gewürfelt)
½ Bund Petersilie (fein geschnitten)
2 gestrichene TL Kräuter der Provence
2 gestrichene TL Meersalz
Pfeffer
60 g Olivenöl
100 g Milch
3 Eier

Zwiebel und Zucchini in 20 g Öl anbraten, die Knoblauchzehe zufügen, kurz mitbraten und alles abkühlen lassen.
Die restlichen Zutaten untermengen. Eine Springform mit Backpapier auskleiden und die Füllung hineingeben.
Im vorgeheizten Ofen bei 180° C auf der zweituntersten Schiene ca. 45 Minuten backen.

Zucchini, Paprika und Käse – ein Hauch von Knoblauch …
Dieses schmackhafte Gericht haben Sie im Handumdrehen zubereitet. Servieren Sie es warm und reichen Sie grünen Salat dazu.
Wenn Sie Gäste haben, können Sie die Zutaten verdoppeln und den Zucchini-Paprikakuchen auf dem Blech backen.

Grünkern-Gemüse-Wähe

Grünkern, Knoblauch und sommerliches Gemüse gehen eine pikante Verbindung ein. Zusammen mit frischem Salat ergibt die Grünkern-Gemüse-Wähe eine kräftige Hauptmahlzeit.

Der Grünkern

250 g Grünkernschrot
500 g Wasser
2 gestrichene TL Meersalz
2 gestrichene TL Suppenwürze
2 Lorbeerblätter
4 gestrichene TL Majoran
1 gestrichener TL Paprika edelsüß

Der Teig

250 g Weizenvollkornmehl
20 g Hefe (½ Würfel)
10 g Meersalz (ca. 2 gestrichene TL)
30 g Butter
120 g Wasser

Die Füllung

1 Zwiebel (gewürfelt)
250 g Aubergine (gewürfelt)
250 g Zucchini (gewürfelt)
50 g Olivenöl
1 Knoblauchzehe (gepresst)
200 g Sauerrahm
200 g Emmentaler (gerieben)
2 Eier
1 gestrichener EL Kräuter der Provence
2 gestrichene TL Meersalz
Pfeffer

Den Grünkernschrot in Wasser mit Salz, Suppenwürze und Lorbeerblättern unter Rühren aufkochen, auf ausgeschalteter Platte 30 Minuten quellen lassen, dabei gelegentlich umrühren. Die restlichen Gewürze unterrühren.
Den Hefeteig zubereiten und zugedeckt eine Stunde gehen lassen.
Das Gemüse für die Füllung mit dem Öl in einer beschichteten Pfanne gut anbraten, den Knoblauch zuletzt zugeben und kurz mitbraten. Danach leicht abkühlen lassen. Sauerrahm, Käse, Eier und die Gewürze unterziehen und mit dem Grünkern vermengen.
Den Teig auswellen und eine gefette Springform damit auslegen, dabei einen 3 cm hohen Rand ziehen. Das Gemüse einfüllen und im vorgeheizten Ofen bei 200° C ca. 50 Minuten auf der zweituntersten Einschubleiste backen.

Spinatkuchen vom Blech

Schafskäse, Frischkäse, Knoblauch und Spinat, kombiniert mit einem guten Teig und mit feinem Käse bestreut, mal etwas ganz anderes als Spiegeleier mit Spinat!

Der Teig

500 g Weizenvollkornmehl
1 Knoblauchzehe (gepresst)
150 g Magerquark
100 g Butter
140 g Wasser
25 g Leinsamen
25 g Sesam
1 Ei
2 gestrichene TL Backpulver
2 gestrichene TL Meersalz

Die Frischkäsecreme

400 g Schafskäse
400 g Frischkäse (Doppelrahmstufe)
1 Knoblauchzehe (gepresst)
20 g Sahne
1 gestrichener TL Meersalz
Pfeffer

Der Spinat

2 EL Olivenöl
1 Zwiebel (klein gewürfelt)
750 g Blattspinat
2 gestrichene TL Meersalz
1 gestrichener TL Thymian
100 g saure Sahne

Zum Bestreuen

200 g Emmentaler (gerieben)

Ein tiefes Backblech (Fettpfanne) ausfetten, die Zutaten für den Teig miteinander verkneten und diesen im Blech ausrollen. Dabei einen kleinen Rand hochziehen.
Die Zutaten für die Frischkäsecreme miteinander verrühren und auf den Teig streichen.
Für den Spinat die Zwiebel im Öl goldgelb anbraten, dann den Spinat zugeben, langsam erwärmen und kurz aufkochen. Die Gewürze und die saure Sahne unterziehen und den Spinat gleichmäßig auf der Frischkäsecreme verteilen.
Mit dem Käse bestreuen und im vorgeheizten Ofen bei 200° C ca. 40 Minuten auf der mittleren Einschubleiste backen.

Warmes Brot mit Schafskäse und Zwiebeln

500 g Weizenvollkornmehl
200 g Milch
84 g Hefe (2 Würfel)
100 g Butter
15 g Meersalz (ca. 3 gestrichene TL)
2 Eier
150 g Zwiebel (ca. 2–3 Stück, gewürfelt)
200 g Schafskäse (gewürfelt)

Das Brot selbst ist sehr einfach und mild im Geschmack.
Frisch aus dem Ofen wird es deshalb zusammen mit einer würzigen Beilage, beispielsweise einem Kartoffelsalat, serviert.

Alle Zutaten zusammenrühren, eine Springform mit Backpapier auslegen und den sehr feuchten Teig mithilfe eines nassen Teigschabers darin glatt streichen.
Zugedeckt darin 2 Stunden gehen lassen.
Den Ofen auf 220° C vorheizen und das Ganze auf der mittleren Schiene ca. 30 Minuten backen.
Warm zusammen mit einem herzhaften grünen Salat oder mit Kartoffelsalat servieren.

Camembert-Pastete

Der Teig

350 g Weizenvollkornmehl
1 gestrichener TL Backpulver
200 g Butter
130 g Wasser
1 gestrichener TL Meersalz

Die Füllung

6 Camembert à 125 g
150 g Preiselbeermarmelade

Zum Bestreichen

1 Eigelb
2 EL Sahne

Dies ist eine Variante des panierten Camemberts. Statt Brot dazu zu essen, wird der Käse hier im Teig gebacken.

Die Zutaten für den Teig miteinander verkneten und auf einer gut bemehlten Arbeitsfläche zu einem geschmeidigen Teig verarbeiten. Diesen dann ca. 4 mm dick auswellen. Anschließend mit einer Schüssel 12 Kreise ausstechen. 6 Kreise benötigen als Durchmesser 1–2 cm mehr als der des Camemberts. Die andere Hälfte der Kreise bilden die Böden. Ihr Durchmesser sollte ca. 4 cm größer als der des Käses sein, damit der Boden über die Ränder des Käses nach oben gezogen werden kann. Auf die sechs größeren Teigkreise die Camemberts legen und mit je einem Esslöffel Marmelade besteichen. Den Teig über die Seite nach oben ziehen, sodass nur noch Marmelade frei liegt. Rundherum gut andrücken. Die verbliebenen Teigkreise als Deckel auflegen, über die Hälfte der Seite nach unten streichen und gut mit dem Bodenteig verbinden. Achten Sie darauf, dass der Teig dabei nirgendwo einreißt, sonst läuft der Käse beim Backen aus.

Die Teigreste erneut auswellen, als Plätzchen ausstechen und zu kleinen Schlangen formen, um den versteckten Camembert zu verzieren.

Die Camembert-Pastete mit einer Mischung aus Eigelb und Sahne bestreichen. Die Verzierungen auflegen, andrücken und ebenfalls bestreichen.

Im vorgeheizten Ofen bei 175° C auf der zweituntersten Schiene ca. 35 Minuten backen.

Salzkuchen

Der Teig

500 g Weizenvollkornmehl
250 g Butter
50 g Sahne
2 Eier
1 Prise Meersalz

Der Guss

30 g Weizenvollkornmehl
250 g Magerquark
300 g Crème Fraîche
4 Eier
3 gestrichene TL Meersalz
1 gestrichener EL Kümmel
30 g Schnittlauch (1–2 Bund, fein geschnitten)

Der Salzkuchen ist ein schnell zubereitetes Essen, das ausgezeichnet zu einer großen Schüssel voll knackigem Salat schmeckt.

Die Teigzutaten zusammenkneten und eine halbe Stunde kühl stellen.
Den Teig auf einer bemehlten Arbeitsfläche nochmals kneten und zu einem größeren Kreis auswellen. Diesen mit einem kleinen Teigroller auf dem mit Backpapier ausgelegten Blech ausrollen und dabei einen kleinen Rand hochziehen.
Die Zutaten für den Guss miteinander verrühren, gleichmäßig auf dem Teig verstreichen und im vorgeheizten Ofen bei 180° C ca. 40 Minuten auf der mittleren Einschubleiste backen.

Käse-Wähe

Ein recht fettes, aber ausgesprochen köstliches Vergnügen, ist es doch eines dieser Rezepte, bei denen die Speisen blitzschnell zubereitet sind und sehr wenig Arbeit eine verblüffende Wirkung hat.

5 Camembert à 125 g (gewürfelt)
100 g Zwiebel (ca. 1–2 Stück, fein gewürfelt)
150 g Weizenvollkornmehl
90 g Butter
2 gestrichene TL Meersalz
1 gestrichener TL Paprika edelsüß
1 gestrichener TL Kümmel
Pfeffer

Der Guss

200 g Emmentaler (gerieben)
100 g Sahne
2 Eier (verquirlt)
½ gestrichener TL Meersalz
Pfeffer

Alle Zutaten (außer denen für den Guss) mit der Küchenmaschine gut verrühren. Eine Springform mit Backpapier auslegen und die Masse darin festdrücken.
Die Zutaten für den Guss miteinander vermengen und gleichmäßig über der Camembertmasse verteilen.
Im vorgeheizten Ofen bei 180° C auf der zweituntersten Schiene knapp 45 Minuten backen.
Frisch aus dem Ofen zusammen mit einem knackigen Salat servieren.

Pizza-Schnecken

Der Teig

1000 g Weizenvollkornmehl
84 g Hefe (2 Würfel)
500 g Wasser (warm)
100 g Olivenöl
80 g Sesam
40 g Meersalz

Der Belag

2 EL Olivenöl
200 g Zwiebel (gewürfelt)
500 g Paprika (gelb, grün und rot, fein gewürfelt)
400 g Emmentaler (gerieben)
1 Bund Petersilie (ca. 15 g, fein geschnitten)
120 g Oliven (fein gewürfelt)
2 Eier
2 gestrichene EL Oregano
1 gestrichener TL Meersalz
Pfeffer

Pizza-Schnecken schmecken am besten, wenn sie ganz frisch aus dem Ofen kommen. Dazu ein knackiger Salat – der Genuss ist vollkommen.

Die Zutaten für den Teig miteinander verkneten und an einem warmen Ort zugedeckt 1 Stunde ruhen lassen.
In der Zwischenzeit Zwiebel und Paprika im Öl goldbraun anbraten, leicht abkühlen lassen und mit den restlichen Zutaten für die Füllung mischen.
Dann den Teig nochmals kurz kneten und zu einem Quadrat (ca. 60 x 60 cm) auswellen, die Füllung gleichmäßig darauf verstreichen und aufrollen. Streifen von 2 cm Dicke abschneiden und die Schnecken auf drei mit Backpapier ausgelegten Backblechen verteilen.
Im vorgeheizten Ofen werden die Schnecken bei 200° C und Umluft ca. 25 Minuten gebacken.
Die angegebene Teigmenge ergibt etwa 30 Schnecken. Sie lassen sich problemlos einfrieren und im Ofen wieder aufbacken.

Gemüsekuchen

Viel Lauch und Käse bilden die herzhafte Decke für einen feinen Butterteig.

Der Teig

500 g Dinkelvollkornmehl
100 g Magerquark
100 g Butter
150 g Wasser
1 Ei
2 gestrichene TL Backpulver
2 gestrichene TL Meersalz
1 gestrichener EL Kümmel

Der Belag

1000 g Lauch (klein geschnitten)
300 g Paprika (rot oder gelb, gewürfelt)
130 g Butter
4 TL Kräuter der Provence
2 TL Majoran
2 gestrichene TL Meersalz
Pfeffer
200 g saure Sahne
600 g Tomaten (in Scheiben)
Meersalz
400 g Emmentaler (gerieben)

Alle Zutaten für den Teig miteinander verkneten und in einem mit Backpapier ausgelegten tiefen Backblech ausrollen. Dabei einen kleinen Rand hochziehen.
Für die Füllung den Lauch der Länge nach halbieren. Den Lauch in kleine Streifen schneiden, zusammen mit der Paprika in Butter anbraten und danach leicht abkühlen lassen. Die Gewürze und die saure Sahne hinzugeben und alles miteinander vermischen. Das Lauchgemüse auf dem Teig verstreichen.
Die Tomaten in dicke Scheiben schneiden, gleichmäßig über dem Lauch verteilen und salzen.
Zum Abschluss mit Käse bestreuen und im vorgeheizten Ofen bei 200° C ca. 50 Minuten auf der mittleren Schiene backen.

Rezeptregister

Brot und Brötchen

Teilchen

Kuchen und Torten

Plätzchen und Kaffeegebäck

Herzhaftes zum Schluss

Alphabetisches Register

Dank an …

Und weil so ein Buch nie ohne fremde Hilfe entsteht …

danke ich Gerda Stemmer, die mich mit zahlreichen Requisiten aus ihrem Fundus versorgte. Sie ist die einzige Frau, die ich kenne, die sich über zerbrochenes Porzellan freut, weil sie leidenschaftlich gerne Flohmärkte besucht – und wo soll das ganze Zeug sonst hin?
Ich gab ihr über die Jahre zahllose Anlässe zur Freude.

Mein großer Dank gilt auch Rose Sergienko, die mir in ungezählten Stunden am Computer hilfreich zur Seite stand. Was ich ohne ihre Hilfe getan hätte, möchte ich mir lieber nicht vorstellen.

Ja – und dann natürlich meiner Familie: Kalt gewordenes Essen (es musste ja erst noch aufgenommen werden) und vom Wind ausgetrocknete Kuchen (die Aufnahmen wurden fast alle in freier Natur gemacht und dauerten doch meist länger als gedacht) ertrugen sie in der Regel klaglos. Zu mitunter recht unkonventionellen Zeiten aßen sie sich durch meine Kreationen: Da gab es Osternestchen an Heiligabend und Christstollen im heißen August; immer so, wie es die Arbeit zu diesem Buch gerade erforderte. Alles in allem haben sie sich dabei tapfer gehalten und ich danke ihnen von ganzem Herzen dafür.

Soweit so gut. Es hat Jahre in Anspruch genommen, doch schließlich war das Projekt beendet. Mit kleinen Fehlern, Ecken und Kanten zwar, aber doch war es da. Als lose Blattsammlung auf meinem Küchentisch und auf dem meiner Freunde. Genauso würde es auch heute noch aussehen.
Und aus diesem Grund bedanke ich mich vor allem bei Maria A. Kafitz für ihre fantastische Unterstützung sowie bei allen Mitarbeiterinnen und Mitarbeitern des Verlags Freies Geistesleben, durch deren gemeinsame Arbeit mein kleines Manuskript zu einem Buch geworden ist.

Noch einmal: Ein dickes Dankeschön an euch alle

Ulrike Sergienko

Ende

155 Seiten, durchgeh. farbig, geb.
ISBN 978-3-7725-2523-0

Bei der Rezeptauswahl aus Barbara Hübners feiner Würzküche – einem Klassiker der Vollwertküche – würde selbst der Suppenkaspar seinen Teller mit Genuss leer essen. Denn ob als Vorspeise, Hauptgang oder sogar als Nachtisch – die zusammengestellten Suppen- und Eintopfgerichte sind köstlich und gesund, klassisch und überraschend. Ulrike und Jürgen Pfeiffer haben zahlreiche der über 70 Rezepte in Szene gesetzt und machen durch ihre Fotos schon beim Blättern Lust zum Nachkochen

Verlag Freies Geistesleben

Camembert-Pastete Gemüsekuchen Grünkern-

Paprikatorte Pizza-Schnecken Rauchpizza Salz

Schafskäse und Zwiebeln Zucchini-Paprikakuchen

Fladenbrote Grahambrot Joghurtstangen Ka

Knoblauchbrot Knoblauch-Käse-Fladen Körnermix

Milch-Brötchen Mohnsemmeln Pizza-Sp

schnelles Sesambrot Sonnenblumenkernbrötchen

Walnuss-Karottenbrot Zucchinibrot Zwiebelb

Mohnschnecken Nusshörnchen Osternest

Apfelsaft-Kuchen Bananen-Schokoladen-Biskuitrolle

Birnenkuchen Donauwelle Erdbeerkuchen mit

Käsekuchen Käse-Sahne-Torte Kirsch-Mandel-Bisku

Marmorkuchen Mohnrolle finnischer Nu

Pfirsich-Frischkäsekuchen Quark-Christstollen Q

Rosenkuchen Roulade mit Himbeerfüllung Rüblikuche